거기, 마을, 하나 ——— 10년 후, 다시 만난 대추리

거기, 마을, 하나
10년 후, 다시 만난 대추리

2019년 2월 11일 초판 1쇄 찍음
2019년 2월 18일 초판 1쇄 펴냄

지은이
강권석, 김가람, 김가현, 김서진, 김성용, 김윤아, 김택균, 김혜래, 루트, 명숙, 묘량, 민병대
박상우, 방승률, 서우경, 송재국, 송효정, 신종원, 신하준, 심정섭, 오은택, 오창영, 유정윤
이경분, 이동현, 이시현, 전혜진, 정인하, 조임순, 한대수, 한만수, 한유빈, 홍세미, 홍은전

사진 노순택, 양용동, 이철형, 평화마을대추리
기획 평택평화센터

편집 권현준
본문 디자인 사과나무
표지 디자인 프라이빗엘리펀트

펴낸곳 다돌책방
등록일 2017년 11월 2일
전화 050-5300-1945
팩스 050-5320-1945
주소 서울특별시 마포구 백범로 10, 2층
전자우편 ddadol@gmail.com

ISBN 979-11-962551-8-3 03810

책값은 뒤표지에 있습니다.
사전 동의 없는 무단 전재 및 복제를 금합니다.

이 책의 원고는 🌸아름다운재단 2017 변화의시나리오 지원사업으로 제작되었습니다.

거기, 마을, 하나
―― 10년 후, 다시 만난 대추리

다돌책방

불지지 마을

하나

발간사

대추리 주민들이 고향을 떠나온 지 10년이 흘렀습니다. 저녁이면 황새울 들판을 붉게 물들이던 노을도, 가을이면 벼이삭에 풍년가를 부르던 농부들의 함박웃음도, 이제는 볼 수 없습니다. 흙짐으로 만든 황새울과 도두리 들판, 주민들이 쌀을 모아 지은 대추초등학교, 마을을 지키려 모였던 지킴이들의 흔적은 사라지고, 육중한 미군 기지가 들었습니다.

2006년 5월 4일 새벽, 작전명 '여명의 황새울'이라 불렸던 행정대집행 이후, 마지막 남은 마흔네 가구 주민들은 고향을 떠나 경기도 평택시 팽성읍 노와리로 이주했습니다. 새로 지은 집을 보며 '정부가 집도 주고, 땅도 주고, 보상금도 주었다'며 던지는 한 마디는 고향을 잃은 주민들의 마음을 태웁니다. 쥐꼬리만큼의 보상금으로 간신히 땅을 마련해 집을 짓고, 텃밭에서 소일하는 주민들은 또 마음을 잃었습니다.

평택평화센터는 대추리 주민들과 함께 생활하며, 주민들의 이야기를 남기고 싶었습니다. 강권석, 김택균, 민병대, 방승률, 송재국, 신종원, 심정섭, 이경분, 조임순, 한대수, 한만수 님이 이야기를 들려주었습니다. 대추리와 인연이 있었던 혹은 인연을 만들려 했던 청소년들이 이야기를 들었습니다. 김가람, 김가현, 김서진, 김성용, 김윤아, 김혜래, 박상우, 서우경, 신하준, 오은택, 오창영, 유정윤, 이동현, 이시현, 전혜진, 정인하, 한유빈 님은 담담하게 기록했습니다. 이야기를 들려주고 듣는 사이에는, 인권기록네트워크 <소리>의 작가님들의 도움이 있었습니다.

이 기록이 평화의 작은 불씨로 남기를 바랍니다.

2019년 2월 1일
평택평화센터

차 례

015 발간사

018 강권석(1942년생)과 한대수(1942년생)의 이야기를
     김윤아(2004년생)과 정인하(2004년생)가 듣다.

030 김택균(1964년생)의 이야기를
     오은택(2004년생)과 오창영(2004년생)이 듣다.

058 민병대(1938년생)의 이야기를
     이시현(2001년생)과 유정윤(2004년생)이 듣다.

070 방승률(1936년생)의 이야기를
     전혜진(2002년생)과 김가현(2003년생)이 듣다.

084 송재국(1938년생)의 이야기를
     서우경(2002년생)과 신하준(2003년생)이 듣다.

104 신종원(1963년생)의 이야기를
     김혜래(2002년생)와 김가람(2002년생)이 듣다.

132 심정섭(1942년생)의 이야기를
     김성용(2004년생)이 듣다.

148 이경분(1956년생)의 이야기를
     한유빈(2000년생)과 김서진(2004년생)이 듣다.

174 한만수(1949년생)와 조임순(1952년생)의 이야기를
     박상우(2004년생)와 이동현(2004년생)이 듣다.

183 사진 기록

강권석(1942년생)과 **한대수**(1942년생)의
이야기를

김윤아(2004년생)와 **정인하**(2004년생)가
듣다.

자기소개 부탁 드려요.
한대수: 나이까지 얘기해야 돼? (웃음)
강권석: 이름은 강권석, 옆에 와이프는 한대수.

처음에 강제이주를 당하고 집이 무너질 때 무서우셨을 것 같아요.
강권석: 구 대추리에 있을 때가 제일 무서웠어. 도자(불도저)가 하다 보니, 그것이 제일 무서웠지. 해방되고 12월 겨울에 그쪽으로 이사를 간 거거든. 근데 거기서 이번에 또 쫓겨난 거지.

이주하실 때 어려우셨겠어요.
강권석: 어렵지. 정부에서는 땅값조차도 없었어. 아무것도 없어.

거주지가 마련되지 않았는데 그냥 쫓겨 나서, 동굴에서 생활하신 분들도 있고 임시천막에서 생활하신 분들도 있다고 들었어요.
강권석: 그렇게 천막생활 했지. 근데 뭐 비닐이 있는 천막이 아니야. 비 오면 새는 하얀 거.

먹을 것은 어떻게 구하셨어요?
강권석: 그때 먹을 거는 농사졌으니까. 피난민들은 먹을 것이 굉장히 귀중했지. 그때가 바로 보릿고개야. 이제 가을이 되면 보리농사를 짓잖아. 보리 수확 전에 쌀이 떨어지잖아. 그때가 견디기 힘들지.
(대추리 주민들은 일제강점기에 일본군 기지가 건설되며 원 대추리에서 쫓겨났고, 해방 후 미군이 기지를 확장하면서 구 대추리로 다시 쫓겨났다. 2002년 전국에 흩어져 있는 미군 기지를 평택으로 이전하는 계획이 발표되면서 또 쫓겨나 현 대추리 평화마을에서 살고 있다.)

어머님도 평택 출신이세요?
한대수: 나는 송탄 출신. (1995년에 평택시, 송탄시, 평택군이 평택시로 통합되었다.)

가까이서 보신 거네요?
강권석, 한대수: 그렇지. 가깝지.

그때는 10살 때니까 두 분이 만나시지는 않으셨겠네요. (웃음)
한대수: 우리는 몰랐지. (웃음)

결혼은 몇 살 때 하셨어요?
한대수: 24살 동갑이여.
강권석: 64년도에.

그때는 빠른 거 아니죠?
한대수: 그냥 보통이었어.

이주하고 한 10년쯤 지난 다음에 만나서 결혼하셨겠어요.
강권석: 그렇게 되죠.
한대수: 6·25를 어디서 겪은 겨?
강권석: 먼저 거기 비행장 안에서.
한대수: 비행장에서 겪었겠네.

혼란스러웠을 거 같아요.
강권석: 그렇지.
한대수: 옛날 피난. 6·25 때는 저기 칠괴리(지금의 칠괴동)라고 있잖아. 고 옆이거든 칠길리가. 조그만 다리가 있지. 새벽에 차가 왕래 못하게 칠길 다리 조그만 다리를 끊었지. 인민군이 쳐내려오니까 그 다리를 끊은 겨. 그 소리에 놀라 가지고

일어나서 피난에 간 거지. 그러다 돌아와 가지고 그럭저럭 살다가 겨울 피난 때는 안중으로 피난 간 겨.
강권석: 그때 힘들었지.
한대수: 그때야 우리 열 살 때니까 아무것도 모르지. 일이 재밌기만 했지. 다니기만 그랬는데 뭘 알아? 무서운 걸 알아? 부모들 계시니까 쫓아다니고 재미만 있는 거지. 떡장사 어머니들, 부모들이 떡장사 하면 뒤쫓아다니고 장난이나 하고. 그런 시대니까 별 무섭고 그런 걸 몰랐지.

어린 시절 가장 기억나는 것 있으세요?
강권석: 어렸을 적에 기억에 남는 거? 글쎄 나는 저기 6·25 때 쫓겨났을 때 기억이 제일 많아. 6·25 전쟁 때 미군 기지 안에 대추리가 있었어. 거기서 집을 헐어 가지고 다시 집을 짓고⋯ 내가 초등학교 2학년 때 그때 거기서 쫓겨난 거야. 그래서 구 대추리로 온 거야. 또 쫓겨나서 이리로 온 거고.
한대수: 나야 자유롭게 살았지. 교회 다녔고. 원래 그곳이 한씨 집성촌이야. 한 60가구가 사는데 이씨들 3~4가구 있었고 다 한씨들이었어. 그러기 때문에 남자고 여자고 오빠고 아저씨고 재밌었지. 놀러도 잘 다니고, 그냥 집안들이었으니까. 그렇게 자유롭게 살았는데 시집왔더니 지옥이지 뭐⋯

아저씨, 아주머니 어렸을 땐 뭐하고 노셨어요?
한대수: 밤에는 술래잡기하고, 여자들은 고무줄을 하고, 남자들은 공기놀이도 그렇고. 남자들도 여자들처럼 공기놀이하고, 사방치기하고 그러지.
강권석: 땅따먹기하고. 근데 남자들이 주로 많이 하는 것이 새끼로 공 만들어서 차는 거 축구. 예전에는 새끼로 공 만들고.
한대수: 공이 없잖아. 돈 비싸게 줘야지. 촌에서는 새끼로 했지. 달 밝으면 마당에 모여 앉아서 놀고 재밌었지. 옛날엔 먹을 거는 풍족하지는 않았지만 그래도 재미있게⋯
　그래도 나는 크면서 먹을 게 어렵다는 생각을 안 하고 살았어. 우리도 3남매

인데. 우리는 죽 먹고, 보리밥 먹고는 안 커서 크면서도 어려운지 몰랐는데, 시집 와서도 그렇게 어렵지 않았어. 지금이나 그때나 그냥 그래. 부자도 아니고 가난하지도 않고 평범하게 살았어. 보상이 적으니까 그 돈으로 땅 샀지, 밭 샀지, 집 짓지. 그러니까 당장 쓸 돈이 없잖아. 애들 조금씩 주고, 그러니까 지금 나 생활하기 바쁘지. 그래도 몇 해 전까지만 해도 공공근로로 근근히 살았는데, 이제 그것도 끝났으니 걱정이지. 그렇다고 애들에게 돈달라고 할 수 없잖아. 우리가 알뜰하게 사는 거지. 내가 보태줘야 살 형편이지. 그러니까 뭍 못하고 사는 거야.

자녀들과 손주들 이야기 좀 해주세요.
강권석: (가족사진을 가리키며) 저기 저.
한대수: 우리 애들! 우리 애들 4남매인데 다 결혼시켰어.
강권석: 딸 둘, 아들 둘 4남매고 손주들이 열하나야.
한대수: 다 셋씩 낳고 지금 막내만 아들 둘이야.

큰따님이 나이가 어떻게 되죠?
강권석: 오십.
한대수: 오십 넘었지. 쉰하나, 쉰둘 됐을 거야. 아마.
강권석: 저기 저 안고 있는 애가 중1이야.

저 사진은 언제 찍으셨어요? 10년 넘은 것 같은데.
한대수: 10년 넘었지.
강권석: 시방 12년 됐을 거야.
한대수: 사진도 어둡게 이상하게 찍어가지고 다시 찍어야 돼. 근데 지금은 다 모이기가 힘들어.
강권석: 군대 간 손자가 둘이야.

(대추리에서는) 하우스 농사를 하셨어요?
강권석: 군대 제대하고 대추리, 내리, 동창리 예비군 소대장을 봤어. 특수작물을 했던 계기는 벼농사짓다가 생활이 복잡해지니까 특수작굴을 한 거지. 밭이 있으니까 하지. 밭 없으면 못하지.

하우스 농사는 뭐 지으셨어요? 그때 하우스 농사 비쌀 때 아니에요?
강권석, 한대수: 할 만했지.
강권석: 오이, 호박, 상추. 고추모종 농사지은 이야기는 TV에도 나온 적이 있어. 시방 저기 있는 상패가 20년 동안 부부가 하우스 농사하면 주는 공로패야.
한대수: 농사는 꼭 좋은 게 부부야. 혼자는 안 돼.
강권석: 혼자는 안 돼. 꼭 부부가 해야 해.

아산만 방조제로 바닷물을 막아 갯벌을 간척하고 비옥하게 만들었다고 들었어요.
강권석: 아산만 방조제는 땅을 비옥하게 만드는 게 아니고. 물 순환을 잘 시켜주는 거지. 바닷물을 들어오지 못하게 막아서 저수지를 만드는 거야. 그래 가지고 그 물을 퍼서 우리네가 농사를 짓지. 저수지 댐이라는 것이 바다를 막아서 한 거고, 그래서 농사를 짓는 데 편하게 해주는 거지.

아산만 방조제 건설할 때 평택 지역도 고생했다고 하더라고요.
강권석: 평택이 고생이 심했지. 물 순환이 잘 되서 수로가 안정되면 고생이 덜하지.

짠기 빼는 데 물이 필요해요?
강권석: 그렇지.

계속 순환시켜서 짠기를 빼내고 (또) 짠기를 빼내고.
강권석: 그것을 저장했다가 빼놓고 다시 물대면서…

그래서 민물 저장해두는 곳이 중요했다고 들었어요. 기계도 없어서 사람 손이 많이 필요했겠어요. 논에 짠물 빼고 농작물 안 타게 하는 데 얼마나 걸려요?
강권석: 여기는 짠물이 세지는 않는데, 딴 데는 그렇게 세다는 곳이 많아. 여기는 1~2년 하면 괜찮고, 저 서산이나 어디가면 3~4년 걸려. 거기는 시방도 짠 겨. 10년이 넘어 걸려. 그런 것이 틀리지. 여기는 서해에서 물 들어왔다가 빠져서 혼합되니 덜 한데. 바닷물이 차 있던 데는 짜지.

어머니도 그때 고생 많이 하셨죠? 평택 이야기 들어보면 '여자도 남자만큼 일했어. 여잔 집안일도 하고'라고 하시던데요.
한대수: 여자가 더 힘들지. 바깥일도 하고, 들어와서 안일도 하니까. 남자들은 한가하게 바깥일만 하면 되잖아. 그런데 여자들은 들어오면 빨래도 해야 하고, 집안도 치워야 하고, 그게 힘든 거지. 나가서 바깥일하는 건 똑같이 해요. 들어오면 여자들은 할 일이 많은 거지.

　내가 시집와서 제일 처음에 모심게된 재밌는 얘기를 해줄게. 나는 모심을 줄을 몰랐어. 농사짓는 데에서 왔어도 들에는 안 나갔어. 옛날에는 작업반을 했어. 대추리에는 4개 반이 있었어. 반반이 따로따로 작업을 한 거여. 대추리 들이 넓거든. 거기를 사람 손으로 심으면 한 달을 심어야 해. 그니 밥을 해 가지고 주다 보면은 집안일을 못해요. 밥을 두 번 해다 주고, 참도 해다 줘. 그렇게 밥 해 먹이려면 설거지도 제대로 못하고 나가. 밥을 내다 주다 보면 집에 와서 저녁 해 먹기 허둥대. 그런데 모심으러 나가는 사람들은 품값을 따져 주고, 밥한 사람들은 품값을 안 따져 주더라고.

　그리고 모심는 사람들은 이리 얼굴이 하야. 밥한 사람들은 이리 새까매야. 모심는 사람들은 모자를 뒤집어쓰고 엎드려서 심으니까 하얀데, 밥한 사람들은 만날 밥그릇 이고 다니니까 새까매더라고. 그 생각을 하고 나니까 약이 올라. 약이 오르길래, 나도 모심으로 간다니까 어머니, 아버님들이 깜짝 놀라더라고. 그때는 애들 넷 다 낳고 난 후거든. 4남매야. 다들 깜짝 놀래대. 그래도 내 생각에 안 되겠어. 죙일 봉사만 할 수는 없잖아. 그러기에 모심으러 간다 그랬더니, 처음에 하루는 다 갔어. 그랬더니 작은아버님이 줄 잡아당기는 거 그거를 하는데. 한쪽은 아주 매져 있고 한쪽은 감기는 데여. 이렇게 하다 보면 늘어나잖아. 근데 작은아버님이 깜짝 놀래시더라고. '니가 왠일 이래냐'라고 해서 그냥 나도 나왔다고 그랬더니 그 밑에 저기 있으라고 하더라고. 고기서 하니까는 암만 안 했어도 그거 눈으로 심는 거만 봐도 다 알잖아. 나중에 논 하나를 심는 거 보고 나니까는 작은아버님이 그러시데. 애 너희 머슴보다 낫다고.

머슴이 아버님이세요?
한대수: 아니 옛날 머슴.

아~ 진짜 실제로 머슴.
한대수: 실제로 머슴을 두고서 일들을 했지. 그런데 머슴보다 나았다. 그때부터 내가 모심으러 다닌 거여. 그러다 보면, 밥 해다 줄 사람이 없지. 젊은 내가 빠졌으니까. 노인네들이 밥 해다 줄 수 있겠어? 그 바람에 도시락을 싸다니게 되었어. 그래서 그때부터 도시락을 싸놓고 일들을 하게 되었어. 재밌는 얘기야. 내가 생각을 해도.

대추초등학교가 폐교 되고 학교를 부술 때 왜 그렇게 열심히 지키려고 하셨어요?
강권석: 행정대집행하면서 바로 부순 거지. 우리가 부수라는 얘기는 안 했고, 정부에서 미군 기지 확장하면서 부순 건데 그때 많은 애를 먹었지. 우리는 떠나지 않으려고 한 거지 뭐 다른 건 없어. 정부에서도 우리 살 길을 해줘야 되는데 그거는 안 해주잖아. 정부에서 국민을 파리만큼도 안 여긴다는 거야. 이게 국민 없는 나라를 만든다는 거밖에 안 되는 거지. 살 길을 안 만들어주니까 무슨 일을 해서라도 뭔가를 살릴 방법을 찾으면 좋을 텐데. (대추초등학교는 지을 때) 쌀을 걷어서 지은 거야.
한대수: 그 (초등학교) 지은 게 주민들이 쌀을 걷어서 지은 건데 부수길래, '만드는데 정말 애쓴 건데…' 하면서 덤비는 거지. 거기가 삶의 터 아니야, 대추리한테

는. 그리고 학교 짓는 것도 대추리 주민들의 피와 땀이 섞인 거고. 그런 건데 그걸 그냥 얼른 내놓고 싶진 않잖아. 그러니까 그렇게 싸운 거지.

대추초등학교 운동장을 파서 항아리에 소중한 물건을 넣었다고 하시던데요.
강권석: 소중한 물건이 뭐냐면.
한대수: 하고 싶은 얘기들 그런 거 써서 항아리에 넣은 거지.

하고 싶은 말은 뭐 쓰셨어요?
한대수: 잊어버렸지. 벌써 10년이 넘었는데. 대부분이 자기 원하는 거 썼겠지. 누구든지 그 상태에서 나가지 않는 걸 원했으니까. 내가 생각엔 대부분이 그런 거 써놨을 거야.

대추리에서 하우스 농사 하시다가 이쪽으로 넘어 오셨을 때 속상하셨죠?
한대수: 여기 와서 밭 얻어 가지고 5년 했지. 고추는 5년 했는데. 남의 밭 얻어 가지고 하니까 재미가 없어. 내 밭이면 수확하는대로 내가 차지하는데. 토지대 주고 그러니까 재미없어서 5년 하다 말았지.

여기 근처에서 고추 농사 하신 거예요?
한대수: 응.

이곳으로 이사와서 어떻게 지내시는지 궁금해요.
한대수: 소일거리 뭐 있어.
강권석: 소일거리가 없지.
한대수: 저 남의 밭 조금 얻어 가지고 농사짓는 거, 고추 조금하고 배추 그런 거 조금씩 심어서 하는 거지, 뭐 소일거리 할 데가 있어? 무슨 농토가 있어야지.

현 대추리의 좋은 점과 나쁜 점이 있다면 말씀해주세요.
한대수: 예전과 비교해서 그냥 새 집에서 가스 들어오고 전기하고. 완전히 시내하고 같잖아.

그거 하나 다른 거지. 우선 먹고 살게 힘든 거. 그거 하나 빼고는. 돈벌이가 없지, 아무것도. 대추리에서 살았으면 내 손으로 농사짓고 애들 도와줘가면서 살 수 있었는데. 여기서는 아무것도 없잖아. 남의 밭 조금 킬려서 채소 조금 길러 먹을 정도지. 뭐 나오는 게 없잖아. 돈이 그냥 그게 힘든 거야. 좋은 점은 그냥 집이 생활하기 좋으니간.
강권석: 좋은 점이라는 걸 몰라. 집이 좋아도 좋은 게 없어. 집 하나 지었다는 거. 거기서 집 지으려다가 나온 거거든. 살다가 집 헐고.
한대수: 그때 (미군 기지 확장 계획 발표 전) 집 지을려고 계획을 했었거든.
강권석: 그때 계획을 하고 있었던 거여. 그렇게 집 헐고 근데 그걸 못했거든.

저희에게 한 말씀 부탁드려요.
강권석: 내가 할 수 있는 것은 열심히 하고, 공부 열심히 하고, 포부를 가지고, 그것을 열심히 해야 해. 그러면 포부를 위해 전문학교를 가야지. 대학교를 안 가도 괜찮아. 내가 하고 싶은 걸 해야지. 다른 거 안 해도 괜찮아. 글 열심히 써.

김택균(1964년생)의
이야기를

오은택(2004년생)과 **오창영**(2004년생)이
듣다.

미군 기지 확장 반대 운동이 궁금해요. 옛날에 미군 기지 확장 반대 운동에서 사무국장을 하셨다고 하는데 왜 하셨는지 궁금합니다.
김택균: 그러게. (생각) 처음에는 사무국장이 아니었어. 그냥 마을 주민의 한 사람이었었지. 처음에는 팽성에 있는 이장단들로 이루어진 미군 기지 확장 반대 팽성읍 대책위원회가 출범을 했었고 그 중 하나의 일원이었었지. 그러면서 점차적으로 국방부와 주민들 간에 지속적으로 부딪치게 되면서, 마을 총무도 하고 인제 한 1년인가, 2004년도 정도에 마을 대책위가 만들어졌고 사무국장으로 일을 하기 시작했지. 그때부터 계속적으로 끝날 때까지 사무국장 일을 계속 보게 됐지.

사무국장은 무슨 일을 해요?
김택균: 전반적으로 많은 일을 해. 그러니까 살림서부터 회의 주재, 그리고 사무적으로 이루어질 수 있는 것들을 다 통틀어서 해야 되는 것이 사무국장이지. 그 밑에 간사도 있고, 대 홍보팀들이 쫙 있어. 그런 것을 조율하고 기획하는 게 사무국에서 하는 일이야.

사무국장이 되고 나서 미군 기지 확장 반대 운동을 할 때는 뭘 하셨어요?
김택균: 이 사무국장이라는 것이 싸움만 하는 게 아니거든. 마을에 많은 사람들이 들어오잖아. '대추리를 도와주겠다!' 그런 사람들이 들어와 있게도 해야 되고, 또 불미스러운 일이 있을 수도 있으니까 그런 것도 봐야 되고, 그러면서 계속적으로 대추리… 처음부터 대추리 사람들이 왜 이 땅을 지키기 위해서 싸웠는가? 그것을 먼저 알아야 돼. 학생들, 대추리 사람들이 왜 대추리를 지키기 위해서 싸웠는지 아나? 대추리가 일제강점기 때 쫓겨나고 그리고 미군들에 의해 쫓겨나고, 다시 대한민국 국방부에 의해 그러니까 어떻게 보면 세 번을 쫓겨나신 분들이야. 일제강점기 때는 일본군 기지를 만든다고 저 안쪽에 있던 마을이 이제 바깥쪽으로 이렇게, 그러니까 마을이 있으면 바다가 있고, 바다 가생이 쪽으로 쫓겨나게 됐어. 그렇게 사시던 분이었어.

그랬다가 6·25 때 다시 일본군 기지였던 것을 미군 기지로 확장을 해서 또 쫓겨나셨던 분들이야. 그분들이 그 기지에서 다시 쫓겨날 때 어떻게 쫓겨났는지 아나? 아무것도 없이 쫓겨났어. 진짜 숟가락 몇 개 주고 너네 알아서 나가서 살아라. 그분들이 나와서 첫 번째 했던 게 뭔지 알아? 일단은 잠을 자려면 하늘은 가려야 될 것 아니야. 구덩이를 파고 거기다 기둥을 세워서 지붕을 대충 만들어서 지내셨어. 그러면서 논과 밭이 다 없어졌으니까 갯벌을 조금씩 조금씩 일궈서 땅을 만들고. 그 구덩이를 이렇게 파 가지고 거기서 집을 짓고 온 가족이 같이 사는데, 지금 같으면 진짜 나도 그거를 안 겪어본 사람이지만 얼마나 습하고 병균이 득실득실하고 어떻게 살았겠어. 진짜 힘들게 살았겠지. 그러니까 거기에 있던 자손들, 어머님, 아버님, 뭐 이렇게 그냥 돌아가시게 되고, 어린 자식들 바구니에다가 담아두고 그 열, 그 뜨거운 데다가 놔두고 그분들은 땅을 만들고 그러다보면 잘못돼서 또 저 세상으로 자식들도 보내고.

그렇게 인고의 세월을 겪어 만든 땅. 거기에 나중에 아산만이 막어지고 그것도 정부에서 농지 정리를 해서 똑같이 네모나게 만들어서, 옛날에는 그렇게 똑같이 만들었겠어? 삐뚤삐뚤하면서 조금씩 만들어간 땅. 그렇게 열심히 일하고 진짜 피눈물 나게 만든 땅을 다시 나가라 이거지. 거기에 더 화가 났던 거는 뭐냐면, 지금 학생들 어머님 아버님 계시지? 응? 어머님 아버님이 학생들 생각, 학생들도 다 생각을 가지고 있는 사람이야 그렇지? 근데 그거를 묵살을 하고 너는 이거 해, 너는 이거 해 하면은 상당히 기분이 나쁘지. '아, 이거 아닌데.' 분명히 자기는 이게 아닌데 엉뚱한 거를 막 시키고, 나는 아버지 어머니니까 너희는 이거 하라고 해도 돼? 안 되지. 대한민국 정부도 똑같은 거야. 정부가 있고 여기에 사는 우리, 그러니까 모든 국민은 자식이야. 아버지와 자식 간에는 막해도 되는 게 없는 거야. 이 땅이 왜 필요한지, 어째서 필요한 건지를 충분히 설명하는 과정, 그런 과정이 없었다 이거야. 응? '이 땅이 필요한데 달라'가 아니라 '이렇게 들어가게 됐으니 당신들은 협의하셔'. 이렇게 말하고 끝.

강제로 그랬나요?

김택균: 그렇지. 모든 것은 협의가 필요하고 충분한 대화가 필요해. 그런데 그렇게 고생했던 분들의 모든 것을 아무 생각할 거 없이 그냥 무조건 내놓으라고 하는 거야. 피눈물 나게 만든 땅을 그나마 지키라고 했는데, 거기서도 또 억지스럽게 무조건 밀어내는 식으로 이 땅을 차지할라고 그랬어. 그러니까 여기 분들은 진짜 지켜야 되는 거야. 고향을 놔두고 어딜 가겠어? 생각지도 못한 거야. 떠날 생각은 전혀 못했던 거지. 그래서 이 싸움이 시작한 거야. 이 분들이 이 땅을 지키기 위해서. 그러니까 그런 거 정도는 어느 정도 알고 있어야 되고.

미군 기지 확장 반대 운동을 하시면서 가장 기억에 남는 일은 있으신가요?

김택균: 내가 미군 기지 대책위 사무국장을 하면서 대한민국 말고, 외국도 가서 우리의 이야기를 전해주고 그러면서 몇 개의 나라를 갔다 온 게 있어. 만약에 책 같은 것들을 봤으면 프랑스 '라르작'이라고 들어본 게 있을 거야. 거기는 10년 싸움을 해서 이긴 데거든.

근데 어떻게 보면 그 라르작이라는 마을은 엄청나게 농사짓기가 힘든 마을이야. 그러니까 제주도, 제주도가 물이 안 고이잖아. 비만 오면 물이 한순간에 쫙 빠져버리고. 라르작도 800m 정도 높이에 있는 마을인데 거기도 비만 오면 쫙 빠져버리는 거야. 그리고 건조한 게 아니고 습해. 습하면 곡식이 안 돼. 근데 많은 사람들이 거기서 곡식 작업을 하면서 살고 있어.

거기는 인제 미군이 아닌 그 나라 군대가 더 넓혀서 들어오는 덴데, 10년 싸움을 하면서 그 땅을 지켜. 근데 거기도 우리 마을처럼 똑같이 소식이 바깥으로 못 나가게 언론을 막아어. 나는 그게 안 되는 줄, 그런 거 못할 줄 알았더니 대한민국도 시작해서부터 큰 방송국 MBC, SBS, KBS 이런 방송국을 막아버리는 거야. 언론을 막아버리면 여기서 무슨 일이 일어나는지는 국민들이 몰라. 사람들이 전혀 몰라. 알 수가 없어. 거기는 그렇게 언론을 차단하니 사람들이 선택했던 것이 트랙터. 라르작에서 프랑스 파리까지 트랙터를 끌면서 사람들한테 알리는 작업을 했어. 가는 데마다 많은 사람들이 호응해주고 찾아와주고 격려해주고 그러면서 1,600km를 다닌 거야.

그리고 두 번째는 지킴이. 국방부의 회유와 협박에 의해서 점점 사람들이 나갈 거 아니야 그렇지? 사람들이 나가면서 빈집이 생겨. 빈집이 생기면 국방부 사람들은 어떻게 하냐면 그 집을 못 쓰게 만들어. 지금 저기 옆에 계신 (인터뷰하는 방에 잠시 들어온 분을 가리키며) 컵 만지고 계신 분도 지킴이 중 한 분이야. 우리 앞집에 와서 사셨던 분들이고, 그런 지킴이들이 들어와서 살 수 있게 하는 일을 했지. 원주민이 떠나도 그 집에 들어와서 그 땅을 지키고 살 수 있는 사람이 또 들어온다는 거지. 이 두 가지. 그것을 함으로 해서 많은 사람들이 살게 됐고.

또 여름은 인제, 저 봄에 사람들은 떠났는데 그 논과 밭을 갈고 심고 해야 될 거 아니야? 세 번째. 근데 그것을 많은 사람들이 떠나고 못하니까 전국에 있는 농민들이 트랙터를 가지고 라르작을 찾아오게 돼. 그래서 그 논을 다 갈어. 내가 거기서 배운 걸 가지고 평택에 와서 2016년도서부터 그 작업을 시작한 거야.

2015년에 들어와서 (기침) 첫 번째 한 게 트랙터 순례. 그것을 기획했어. 9월에 들어와서 가을걷이하고 바로 한 달을 준비를 하게 돼. 한 달 동안 준비를 하면서 팽성 대책위 및 범대위가 많은 갈등을 겪게 돼. 주민들하고 아니면 그 저기 사람들하고. 왜? 여태까지 트랙터를 가지고 전국을 돈 사례가 없거든. 진짜 위험한 작업이야. 가다가 무슨 사고라도 나면, 삐끗해도 교통사고도 나고 교통사고 나면 그 자체가 이득이 되는 게 아니라 우리가 아주 큰 타격을 입게 돼. 그렇게 힘든 작업이었기 때문에 많은 사람들이 우려를 하고 반대했지. 근데 대책위원장하고 나는 그냥 밀어붙였어. 왜? 우리가 알릴 수 있는 방법 중에서 최고의 길은 그거밖에 없을 것 같다는 생각을 했어. 트랙터로 전국을 돌아다니면서 우리가 지금 하고 있는 것에 대해서 제대로 알릴 수 있는 것은 그것밖에 없다. 우리는 이렇게 하고 있는데, 대추리는 '미군 부대가 가는 데 이 사람들 데모하고 안 나간다' 알고 있는 사람들이잖아. 가끔 뉴스에도 그렇게 나오니까.

그런 우려 속에서 진짜 그 대책위 회의를 하다 보면 (책상을 가리키며) 이 책상 같은 것이 날아가고 그랬어. 그리고 대책위 임원들끼리 '된다, 안 된다' 하다 보면 화도 나고 그러잖아. 그럴 거 아냐? 그러고 '이 새끼 저 새끼' 나오고. 아, 그렇게 하면서 우리가 첫 출발을 하게 돼. 1월 3일 날. 1월 3일인가 4일인가 생각도 안 나네. 그렇게 떠나는데 인제 많은 사람들이 같이 참여했어. 신년이잖아. 1월 달이라 모든 사람들이 잠시 휴식기를 가지고 있는 시간이거든, 휴식기. 그러니까 시민사회단체들이 나와 보지 않고, 단체가 이렇게 지금 흩어져 있는 상태니까 그 사람들이 안 나올 것이다. 근데 '우리는 시민사회단체들을 보는 게 아니고 시민을 보고 국민을 보고 그 사람들한테 조금씩이라도 알리고자 가는 것이다'라고 했는데. 첫 번째, 딱 간 데가 어디냐면 부여거든. 많은 사람들이 나와 있고, 막 그냥 그 많은 사람들이 환영을 해줬어. 가는 데마다 방을 얻어야 되고 기름을 넣어야 되고 뭐를 해야 되는데, 첫 번째 딱 갔는데 돈이 10원도 안 들어갔어. 방도 내주고 집도 내주고 거기서 촛불행사도 하고 그리고 아침도 해서 먹여서 보내고.

두 번째는, 군산으로 갔는데, 군산서도 똑같아. 가는 데마다 길거리에 사람들이 있고 같이 트랙터도 몰고 다니고. 우리는 트랙터 7대에다가 우리 상황실 차밖에 없었는데, 트랙터가 막 20대, 30대 차가 막 100대씩 이렇게 같이 깃발 들고, 또 다른 시, 다른 군을 딱 가면 거기서 사람들이 기다리고 있고. 가는 데마다 사람들이 많이 박수쳐주고 막 사인도 해달라 그러고. 주유소에서는 주유소 사장님이 자판기 커피나 음료수 그런 것들 막 열어서 먹으라고 해주고, 그거 생각나.

지역방송, MBC, KBS, SBS가 메인으로 띄우고 30분씩 다큐도 해주고 도민일보 메인에 막 뜨고, 평화를 달리는 트랙터 순례다 해 가지고, 그것을 시작으로 나중에는 종합, 그러니까 서울에 있는 KBS, MBC, SBS가 움직이게 되지. 그러면서 많은 사람들이 우리가 지금 살고 있는 싸우고 있는 거에 대해서 알게 돼.

우리는 다니면서 뭐를 했냐? 각 농민단체, 지역단체, 봄에 논 관리 프로젝트를 하게 돼. 트랙터들이 들어와서 논을 갈고 볍씨를 뿌리지. 그래 갖고 전국에서 막 트랙터들이 들어오는 것을 정부는 막게 되지. 각 길마다 다 막아 가지고 못 들어오게 만들어 논 갈면 안 되니까. 어? 근데 어떻게든 많은 트랙터들이 들어와서 논을 다 갈고 댕기는 거야. 이 지역에 있는 트랙터 갖고. 그해에 많은 볍씨를 뿌리고 직파를 하게 돼. 직파. 직접 씨를 뿌려 가지고 쌀을 키우는 게 직파재배야. 지금은 묘판에 자라게 해서 그걸 심잖아. 근데 우리는 그것을 할 수 있는 시간이 없기 때문에 논을 그냥 잘 두들겨. 이렇게 곱게 로타리질한 다음에 그 위에다가 씨 뿌리는 기계로 씨를 뿌리는 거야. 그래 갖고 싹이 올라오면 물을 대줘서 똑같이 커. 그 작업을 259만 평을 했어. 이 세 가지가 내가 사무국장을 하면서 제일로 기억에 남는 장면이야.

그 세 가지를 몇 년 동안 하신 거예요?

김택균: 우리가 이 땅을 지키기 위해 싸웠던 것이 2003년, 2004년, 2005년, 2006년, 2007년 3월까지. 엄청 오래 했지. 우리 아이들이 그때 초등학생였었는데 걔네들을 데리고 어딜 놀러가본 적이 없어. 걔네들이 어떻게 컸는지 몰라. 걔네들한테 뭐 좀 해줘야 되겠다 했는데 벌써 다 커 있드라고. 그러니까 어떻게 보면 아빠가 필요할 시기에 걔네들은 아빠를 빼앗겼지. 음, 그런데 괜찮다고 얘기를 하더라고. 나중에 '괜찮아 아빠. 나는 아빠가 자랑스러워' 하는데, 가슴이 확 미어지고, 걔네들이 언제 그렇게 컸는지 커버렸더라고.

그게 원래 꿈이셨어요?

김택균: 꿈은 아니지. 그런 꿈을 꾸는 사람이 어디 있겠어? 우리 때는 진짜 데모나 그런 거는 가끔 농민회 때문에 집회 나가고 그런 건 했었어도, 이렇게 전문적으로 집회를 하고 그것을 기획을 하는 것은 안 해봤었거든. 진짜 처음에는 겁도 많이 났었고, 또 어떻게 해야 되는지 그런 것에 대해서 무진장 고민도 많이 했었고, 그런 게 기억이 나네. 기억에 남는 것들은 이 세 가지이지. 그런 것들로 인해 나는 힘을 얻고 살았던 거 같애.

대추리 사람들이 대추리를 지키고 시위하는 것을 모두 다 찬성을 했어요?

김택균: 그 땅을 지키기 위해서 처음에는 대추리 주민, 도두리 주민 100프로가 (미군 기지 확장) 반대를 했지. 이 땅은 대추리 주민만 막은 게 아니야. 도두리 주민은 더 고생했어. 거기다가 또 저 신대리 마을, 들어가는 쪽에 있는 사람들도 엄청나게 고생한 사람들이야. 6·25 때부터 이사들어와서 조금씩 조금씩 막어간 사

람들, 그 사람들이 엄청나게 고생을 했는데, 그 사람들이 다 반대를 한 거지.

근데 정부가 사업을 벌이면서 작전을 짜잖아. 이 땅을 수용을 해야 돼. 근데 그 수용을 하는데 정석 플레이만 한 게 아니야. 손자병법에 보면, 내 손자병법을 본 적은 없지만, 아주 양아치 같은 작전이 많거든. 이 사람들 다 나오게 하려면 여러 가지 작전이 필요하거든. 그것을 이뤄내기 위해서 사람들을 이간질시키고 겁을 주고 협박을 하고, 어? 또 떡을 주면서 이 사람들 빼내가야 돼. 그러다 보니까 사람이 한 명 두 명 이렇게 나가게 돼. 그러고 나간 사람들한테 또 되지도 않는 작전, 이 사람들한테 슬슬 흘려. 요번에 안 나오면은 앞으로 주기로 했던 거 아무것도 안 준단다. 어? 요거는 협박이야. 그렇지? 또 이 사람들 시켜서 지금 나오면 요거를 하나 더해서 준단다. 이거는 떡. 그러한 요법을 써서 사람들을 하나씩 빼내가게 되는 거야. 그렇게 하면서 사람이 빠져나가게 돼.

선생님한테도 떡 같은 거 주고 그런 적 있나요?
김택균: 나한테 떡을 준 적은 없어. 잡아간다는 협박은 무진장했지. 내가 대추리 싸움하기 전에 민간순찰대원을 했었거든. 그러면서 파출소나 경찰서에 가끔 가 본 적이 있고, 무슨 죄를 지어서 가본 적은 한 번도 없었는데 사무국장을 하다 보니까 일주일에 4일 정도는 경찰서하고 법원을 간 것 같애. 딴 사람을 모시고 간 적도 있을 거고, 어떤 때는 2006년도 중·후반 가면서는 마을 사람들 때문에 거의 그냥, 경찰서에 하루에 한 번씩은 가봤던 거 같애.

경찰서에 간 게 모두 억울한 일 때문에 그런 거예요?
김택균: 우리는 다 억울한 거지. 잘못한 거는 없는데. 그 쪽에서 먼저 잘못해놓고 우리가 잘못하면 우리는 법을 어긴 거고 그 사람들은 법을 어긴 게 아니야. 정부는 법을 어겨놓고 법을 어긴 게 아니야. 왜? 그러니까 경찰청이 독립을 빨리 해야 되는 거야. 경찰은 중립을 해야 돼. 근데 경찰들도 공무원들이고 그러다 보니까 경찰 놈들이, 하여간 우리 편은 안 되는 거야. 뭐 우리가 잘못한 것이 있을 수도 있지. 그렇지만 억울하게 간 사람들, 법을 어겼다는 이유로 해서 많은 사람들

이 조사를 받게 되고 벌금도 내게 되고.

미군 기지로 바뀐 다음에 한국을 지킨다고 그러잖아요. 어떻게 생각하세요?
김택균: 한국을 지킨다는 것보다 자기 나라의 이득을 위해서 있는 거겠지. 어떻게 보면 이쪽 한곳으로 모으는 거는 자기들이 빨리 빠져나가기 위해서 그랬지 않았나 하는 생각이 들어, 나는. 어차피 중국과 미국은 친하게 지낼 수 있는 나라들은 아니잖아. 그러면 중국을 견제하기 위해서는 대한민국이 필요하고, 필요에 의해서 걔네들이 주둔하는 거지. 진짜 우리나라 사람들을 위해서 있다고 보지는 않아. 미국이라는 세계 1위의 국가를 지키기 위해서 있는 거지. 그렇게 해서 모든 군인들을 한곳으로 모으는 거는, 무슨 일이 있음 빨리 도망가야 될 거 아니야? 내 생각엔 그래. 그래서 한곳으로 모으지 않나? 그런 생각을 갖고 있어.

대추리에 관한 거라든가 사람들에게 해주고 싶은 말 있으세요? 사람들이 알지 못하는….
김택균: 대추리에 관한 거…. 음 (목을 가다듬는), 그러게 (침묵) 그렇게 해줄 말이 없을 거 같애. 정부에다가 해줄 수 있는 말은 있어. 정부 사람들한테도 계속적으로 얘기하던 거지만, 정부 사업이 있고 사업을 하기 위해서 모든 계획을 수립하고 세우잖아. 무슨 사업을 하려면 계획이 있고 그 계획에 따라서 절차대로 움직이는 건데, 모든 사업을 하기 전에 그 사업에 대해서 타당성을 조사하고, 그 지역 주민들이나 모든 사람들이 어떻게 생활해왔고 어떻게 살아왔는지에 대해서 먼저 생각하고, 그 분들하고 먼저 대화를 나누고 사업을 시행했으면 좋겠다는 거. 근데 아직까지도 그런 것이 없어. 사업을 하게 되면 사업을 수립하고 바로 집행에 들어가니까 중간에 사람들하고 부딪치는 경우가 많이 생기고.

만약에 정부가 전처럼 않고 처음부터 대추리 주민들하고 천천히 대화를 해봤더라면, 다르지 않았을까요?
김택균: 그렇지. 일단은 대추리 주민들은 반미주의자가 아니었었거든. 반미주의

자도 아니고 정치적으로 이렇게 부딪치고 했던 사람들이 아니고 진짜 어떻게 보면 전형적인 농촌 사람들이야. 전쟁을 싫어하고. 왜? 6·25를 다 겪었던 사람이고 몸소 체험을 했던 사람들이라 전쟁이라는 것은 절대적으로 힘들어. 근데 그 분들을 나중에는 정치적으로 이렇게 얘기하게 되고, 반미를 하게 되고. 어떻게 보면 대추리에 살았던 사람들에 대해서 처음부터 생각하면서 들어왔으면 그 싸움이 어떻게 됐을지 몰라 나도. 내가 대추리를 이 땅을 지키기 위해서 해왔지만, 그게 어떻게 흘러갔을지 나도 장담은 못해.

지금처럼 기분이 나쁘지는 않으셨을 것 같아요.
김택균: 좀더 달라졌었을 수도 있지. 어떻게 나오느냐에 따라서 어떻게 싸웠느냐에 따라서 좀더 바뀌고 달라졌을 수 있을 거야. 근데 그 땅을 지키기 위해서는 계속적으로 부딪치기는 했을 거야. 거기 분들은 이 땅이 한이 서린 땅이거든. 자기의 피땀이 묻어 있는 땅이었기 때문에 그 땅을 지키기 위해서는 싸웠을 거는 마찬가진데, 그렇게 엄청나게 싸우지는 않았을 수도 있지.

'마을 이주시켜준다고 하면 딴 데 가서 살면 되는거 아니냐? 보상받고 가면 되지!' 이렇게 얘기하는데, 보상받지 않고 여기에 살려고 할 때는 '이 마을은 뭔가 특별한 것이 있나? 왜 이 마을에 살려고 하지?'라고 생각하는 사람들에게 해줄 말이 있나요?
김택균: 내가 아까 얘기했잖아. 일본군에 의해서, 미군에 의해서 그러면서 이제 바닷가 가생이로 몰렸을 때 그 뻘을 개간을 하면서 많은 사람들이 죽고, 6·25 전쟁 때 1년을 밀려나면서 땅을 파가지고 움막을 지으면서 지붕만 해서 살아갔다고 했잖아. 그렇게 해서 만든 마을이 대추리란 말이야. 그 병균들이 득실득실 대는 데 땅 파서 집을 대충 짓고서 사는 데 온전했겠어? 진짜 너같이 다 커, 학생마냥 다 큰 사람들도 병 걸려서 하루아침에 저 세상 가고 음… 땅 만드는데 어디다 그 아이들 놔둘 데 없으니까 광주리에다가 놔뒀고, 해만 가리게 해놓고 땅 만들다 보면 이 아이가 언제 죽었는지 모르게 죽어 있는데 한이 안 맺히고 살았겠

냐고. 그러면서 그 마을을 일구고 땅을 만들어서 사신 분들이거든. 이 땅을 한 번 두 번 세 번째 달라고 아예 내쫓아버리려고 하는데, 여기서 나가실라고 할 분이 계시냐 이거지. 이 땅에는 자기들만 살기 위해서 한 게 아니고 자기들 자손, 자기들 어르신들 그 다 피와 땀이 묻혀 있는 땅이기 때문에 이 땅에서 농사짓고 살게 해달라. 진짜 7~80대 먹은 어르신들이 3~40대 애들한테 정부 애들한테 무릎 꿇고 빌 정도였어. 그냥 살게 해달라. 특출난 것보다 그것은 살기 위해서, 자기 고향에 살기 위해서, 자기가 만든 땅에 살기 위해서. 뭐 여기에 진짜 금광이 묻혀 있는 것도 아니고, 다른 게 묻혀 있는 것도 아니잖아. 그렇게 만든 땅 지키려고 싸웠던 분들이기 때문에 그 한 가지 짐은 떠안고 있어.

이 아저씨가 젤 처음에는 농사만 짓고 그러다 보니까 이 카메라만 들이대면 앞이 노랬었어. 앞이 노래지고 서서 하면 다리가 떨려 가지고 서 있질 못했어. 근데 그것도 하다 보니까 적응이 되더라고. 젤 처음에는 ENG 카메라라고 큰 카메라 있어. 그걸로 눈앞에 갖다 들이대면 진짜 대답을 제대로 할 수 있는 사람들이 많지 않아. 그러니까 처음에는 조그만 카메라를 갖고 와서 해. 그러다 나중에는 무슨 다큐를 찍고 뭐하니까 ENG 카메라가 오고 마이크들이 오고 저기 거울 비슷한 거 반사경이 오고, 그런 게 오니까 사람이 12명, 14명이 ENG 카메라 2~3개 쫓아다녀. 그 한국 사람들은 그래도 이거에 맞춰서 해준다고 작은 카메라만 갖고 했는데 외국 카메라들은 그게 아니야. 영국 BBC, NHK 애들은 14명, 15명이 쫓아다녀. 근데 끝나고 나서 한 10년 흐르니까 조그만 카메라만 갖다 대도 또 하늘이 노래지고 다리가 떨리더라고. 이 카메라 울렁증은 더단한 것 같애.

'아, 그때 이렇게 할 걸' 너무 아쉽거나 속상하거나, '이랬으면 좀 달라지지 않았을까?' 이런 마음이 드는 순간들이 있었을 것 같아요.
김택균: 딱 한 가지지. 대추리 싸움은 몇몇에 의해서 된 게 아니야. 위원장이나 대추리 이장이나 사무국장이나 연맹의 몇몇에 의해서 싸움이 시작된 게 아니라고. 마을 사람들 전체가 회의를 해서 결정된 사항을 가지고 우리가 대신 일을 해준 것뿐이야. 근데 많은 사람들은 '전문 데모꾼들이 들어가서 대추리 싸움을 주

도했다' 이렇게 얘기를 하는데, 우리는 전체회의를 하고 그 회의에서 결정이 나가지고 우리가 앞에 서서 일하면서, 우리끼리는 안 되기 때문에 외부에 있는 사람들한테 도움을 청한 거야. 그 사람들에게 도움을 청하기 위해서 우리는 1년을 쫓아다녔어.

그때 국회의사당 앞에 국가보안법 폐지 때문에 많은 사람들이 거기에 천막을 치고 쫙 단체들이 모여 있었어. 거기에 몇 개월을 가서 천막을 치고 그 사람들을 설득했어. 우리를 도와달라고. 그래서 그 사람들이 범대위를 그때 만들 수 있었던 거야. 그럼으로 해서 많은 사람들, 문화예술계 사람들도 내려오게 된 거고. 우리가 가만히 앉아 있었으면 그 사람들 안 내려왔어, 안 도와줘. 모르는 사람들은 정치 데모꾼들 전문 데모꾼들이 내려와서 대추리 선량한 사람들을 꼬셨다고 하는데, 우리가 그 사람들을 꾄 거야. 우리가 도와달라고 그들을 꼬신 거야.

근데 좀 아까 물어본 아쉽다고 생각하는 거. 걔들 진짜 대한민국 정부가 그렇게 야비한 전술을 쓸 줄은 몰랐지. 그런 식으로 사람들을 빼가고 그런 식으로 이웃 사람들끼리 이렇게 이웃사촌에서 완전히 원수로 돌아서게 만들줄 우리는 생각을 못했던 거야. 그렇게 싸우게 만들고, 이 사람들이 만약에 이제 뭐 토지수용을 하기 위해서 여러 가지를 해야 될 거 아니야. 지장물 조사도 하고 뭐든 조사를 해야 되는데, 이 사람들이 겁을 주니까 그거를 못 이겨서 했는데 그냥 했으니까 됐다고 다독여서 같이 싸울 수 있게 만들었어야 되는데. 서로 으르렁되게 만든 거야. 그러다 보니까 이 사람들은 떠날 수밖에 없는 거야. 한 명, 두 명 이렇게 빠져나가게 됐잖아. 이 사람들을 붙잡고 같이 계속 이어가지 못했던 게 최고 아쉬워. 흩어지게 한 게. 흩어지지 말았어야 되는데. 마을 사람들이 거의 90%가 있었으면 이 싸움 이겼을 수도 있다는 생각이 들어. 우리는 거기서 계속 농사지었을 수도 있겠다. 그런데 이 분들이 흩어지게 한 것은 국방부 사람, 정부 사람, 같이 싸우는 우리 싸움 도와주러 온 사람, 그 사람들 잘못이 아니야. 흩어진 건 우리의 잘못이야. 어떠한 것도 우리가 이겨냈어야 되는데, 그걸 못 이겨냈어. 그게 최고 아쉬워. 거기서 막 다 붙들고 갔어도 우리는 거기에 있었을 수도 있었겠다라는 생각을 가져.

몇 년 동안 시위를 한 게 오로지 대추리를 지키기 위해서 한 거예요?
김택균: 대추리 주민들은 그래. 우리가, 많은 사람들이 또 그런 얘기를 해잖아. 저 새끼들 땅값 올리려고 한다. 땅값 올릴라고 그랬으면 땅값 올리는 싸움을 했을 거야. 정부도 처음에 얼마 주면 되냐고 하면서 들어왔고. 그게 아니었으니까 싸움이 계속적으로 그렇게 오래갔을 수도 있어. 만약에 땅값 가지고 했으면 더 올려 달라 우리는 이대로 못 나간다, 어디다 어떻게 차려 달라 그런 싸움을 했으면 정부는 그냥 밀어붙였어. 정부도 듣는 귀가 있고 보는 눈이 있고 그런 걸 의식을 하거든. 이 사람들은 진정으로 이 땅을 지키는 싸움이니까 함부로 못한 게 아닌가 하는 생각이 들어. 만약에 돈 가지고 했으면 저 놈들 돈 때문에 그런다, 사람들이 보는 눈이 달라지고, 또 정부는 그것을 파악해서 빨리 움직였을 거야.

국가에 대한 생각이 바뀌었나요? 국가는 나를 지켜준다고 생각하는데, 군대를 투입했잖아요.
김택균: 그러니까 내가 항상 떠들고 다니는 게, 자국민을 대상으로 군대를 투입한 게 6·25 이후에 정부 수립 이후에 딱 두 번이 있었던 걸로 알고 있어. 첫 번째는, 80년 '화려한 휴가'. 작전명이 화려한 휴가라고 들었어. 그거는 광주민중항쟁, 영화나 이런 데서 많이 보고 그랬을 거야. 두 번째가, 2006년 5월 4일 '여명의 황새울'. 진짜 그날 대추리에 있었던 사람들이면 영화에서나 볼 듯한 것을 봤을 거라 믿어. 위에는 헬기들이 계속 짐을 실어 나르고 군인들이 실어 나르고, 앞 평택호는 부교를 만들어서 차량들이 넘어오고, 그리고 공병들이 와서 철조망 치고 땅을 파고. 이거는 영화에나 있을 법한, 전쟁터에서나 있을 법한 일이 현지에서 일어난 거지.

한 육지에 섬을 만들어서 고립을 시켜버렸어. 우리 아이들 학교 가는 거 막아버리고, 어느 나라가 학교 버스가 애들 데릴러 왔는데 그것을 막아, 어? 그렇게 그날 하루가, 새벽 3시, 2시 조금 넘어서부터 시작해서 끝난 게 9시인데 몇날 며칠이 지나간 것 같더라고. 그러니 여기 분들이 정부를 좋게 생각할 수 있는 사람이 있겠어?

그래도 정부를 또 의지하는 분들이 이 분들이야. 대한민국 국민이면 정부를 의지해야 돼. 그런데 그 정부가 잘 나갈 수 있도록 만들어주는 게 또 국민이야. 그것을 국민이 해줘야 되는 거야. 정부가 대충대충 막 나가고 이상하게 나가는데, 집에서 아빠가 가장 노릇을 엉뚱하게 하는데 그냥 보고만 있으면서 우리 아빠가 최고라고 생각하나? 아니지. 그러면 나중에 아주 어렸을 때는 그 얘기 못해도 조금 커가면서 '아빠가 잘못했죠.' 가끔 가족들과 이야기 나눌 때, 이야기 나눌 수 있는 거잖아? 우리도 똑같이 그렇게 해줘야 되는 거야. 정부가 잘못 가면은 그것을 잡아줄 수 있는 사람은 외부 사람이 아니야. 우리 대한민국 국민이지. 우리 국민이 그것을 잡아줘야 되는 거야. 그니까 대추리 사람들이 정부를 보는 눈이나 생각하는 게 쪼금은 틀려졌어.

옛날엔 진짜 그냥 2000년도 그 일이 있기 전에는 대한민국 그냥 전쟁만 안 나고 그냥 옆에서 미군 부대가 자기들 쫓아냈어도 저 사람들이 우리 대한민국을 평화롭게 만들어준다고 생각하고 사시던 분들이거든. 근데, 계속적으로 그러니까 좁게만 사셨던 분들이 넓게 보게 된 거지 넓게. 넓게 보니까 인제 하나하나 잘못돼 가는 게 보이고 그거에 대해서 이야기를 나눌 수 있는 분들이 된 거야. 옛날에는 무조건 국회의원을 뽑든 시장을 뽑든 한쪽으로 치우쳤던 것이, 이제 국회의원이 어떠한 생각을 갖고 어떻게 정치를 할 것인가를 먼저 볼 수 있는 분들이 된 거야. 그것만 해도 무진장 넓어진 거지.

가장 의지할 수 있었던 사람이나 가장 고마웠던 사람이 있나요?
김택균: 진짜 의지하고 같이 싸울 수 있었던 거는 가족들이지 않을까? 가족들이 옆에서 버텨주고 그랬으니까 그렇게 해왔던 거고, 의지했던 사람들은 우리를 위해서 들어와서 같이 싸워주고 우리를 응원해줬던 분들. 그분들이 아닐까라는 생각이 들어. 그런 사람들이 아직까지도 그 끈을 안 놓고 왔다갔다 이렇게 찾아오고 때 되면 연락하고 찾아오고. 참 좋잖아 그렇게 사는 게.

대추리는 그냥 특별하지 않고 일반적인 마을 같은 거였어요?
김택균: 특별한 마을은 아니야. 어디 가면 그냥 시골 마을 있지? 대추리는 그냥 시골 마을이야. 아침에 일어나서 논에 가고, 해 떨어지면 집에 와서 밥 먹고 그런 마을이야. 대신 대추리는 단일 마을로는 상당히 큰 마을이야. 단일 마을로 따지면 150가구가 넘는 마을이 없어. 그렇기 때문에 인제 무슨 행사, 평택시나 팽성읍에 행사가 있으면 모든 것은 대추리가 우선적으로 많은 행사를 주도하고 했던 건 맞아. 그렇지만 그렇게 특별나고 특출하고 그런 마을은 아니었어. 어르신들 살고 어린이들 살고, 아침이면 학교가 가고 수업 끝나면 집에 오고, 똑같은 마을이었어.

쫓겨난 다음에 여기로 온 지가 몇 년 되셨어요?
김택균: 2007년도에 나와서 잠시 '포유빌라'라는 곳에서 몇 년을 살았어. 왜 그랬냐면, 여기 토목공사를 해야 될 거 아녀? 집을 지을 수 있는 기반 공사를 해야 된다는 말이야. 그 공사를 끝내고 집을 짓고 2010년도 2월인가 3월에 여기에 들어왔어. 그럼 2010년도니까 10, 11, 12, 13… 7년 정도 됐네.

여기서도 좋은 추억 같은 거 있으세요?
김택균: 내가 몇 년 전까지만 해도 사람들한테 그랬어. 솔직히 여기 좋은 추억 같은 건 없고 아직도 낯설어. 계속적으로 내가 출퇴근을 안 하고 여기서 지내면 적응을 했을지도 모르는데, 아침에 나갔다가 저녁에 들어오고 막 그러다 보니까 아직도 이 마을이 낯설어. 어, 그렇다고 이렇게 아주 쭉 낯선 것도 아니고 애매하게 낯설어.

　　옛날에 대추리 있을 때는 그냥 집에 있으면, 집에 거의 안 있었거든. 막 동네 돌아다니고 뭐하고. 포유빌라에서도 그랬어. 포유빌라에서는 내가 아무것도 안 했을 때인데, 포유빌라에 처음 들어와서는 대추리 백서 작업을 하려고 1년을 바쁘게 왔다 갔다 하고 그러다 보니까. 또 대추리 만드는 작업을 해야 되니까 여기 이사 오는 작업. 이장님하고 대추리를 어떻게 만들 것인가, 그러니까 이 마을 만드는 설계 같은 거, 기반 공사에 주민감독관으로 참여하게 되서 같이 왔다 갔다 하고. 그러다 보니까 2007년부터 10년도까지는 어떻게 지나갔는지 모르게 지나갔어. 이제 모든 것이 끝나고 손을 딱 놔버리니까 내가 누군지 모르겠는 거야. 그래 갖고 왔다 갔다 하다 보니까 이 마을 자체가 낯설어. 퇴근을 하면 집을 안 나오게 돼. 집에 그냥 있게 돼. 계속 그렇게 있게 되는 거야 그냥.

여기서는 뭐 별로 한 게 없으세요?
김택균: 마을? 마을 돌아다니고 그런 게, 가끔 마을회관을 만들거나 무슨 행사 때만, 그러니까 내가 가서 도와줘야 할 일이 생길 때만 마을에 와서 도와주는 거지. 그러니까 행사 있을 때 준비하는 거, 내가 시간이 날 때 그때만 하고 평일 아무것도 없을 때는… 나와도 또 젊은 사람이 없잖아. 대추리 이장님은 또 보통 바쁜 사람이야? 서산까지 가서 농사를 지어야 되니까.

여기 사시는 분들은 거기서 반대 운동을 하시다가 오신 거예요?
김택균: 그렇지.

대추리에서 가장 기억에 남는 것이 무엇인가요?
김택균: 기억에 남는 게 저 황새울 영농단인데. 황새울 영농단을 만들게 된 게 89년 초인가 90년 아… 89년 말인가 아니면 90년도 초인가 그래. 근데 내가 막내야. 농사짓는 사람들 중에서 막내였어. 나중에 1년 후배가 들어오긴 했어도 막내였어. 그래 갖고 형들하고 이렇게 농사짓고 하는 게 되게 행복했어. 앞으로의 꿈도 컸고. 많은 땅을 내 땅으로 만들어서 진짜 나가서 돈 버는 사람, 회사 다니는 사람들보다 더 풍요롭게 살고 싶고 더 행복하게 살고 싶고, 내가 하고 싶은 거 하면서 사는 게 내 꿈이었거든. 그렇게 계속적으로 해왔기 때문에 다른 기억은 없는 거 같아. 형들하고 농사짓던 기억이 최고 많이 나.

만약 그 때의 대추리로 돌아갈 수 있다면 또 농사지으실 건가요?

김택균: 다시 그렇게 된다면, 그럴 걸… 어, 그렇게 지을 수도… 지을 거야. 뭐 만약에 다시 거기에 그러면 나만이 아니고 많은 사람들이 다시 들어올 거야. 다시 건물 잘 지어서 살겠지.

처음부터 다시 시작하시는…

김택균: 가끔 꿈속에도 나오는 게 많아. 뭐가 나오냐 하면 이앙기 가지고 아침에 모심으러 막 쭉 가고 저녁에 들어올 때, 이제 해질 때 석양이 굉장히 좋더라고. 그때 그거에 맞춰서 들어올 때 많은 사람들이 쭉 이렇게 기계 끌고 들어오던 모습이 가끔 생각이 나. (침묵) 모든 사람들이 그럴 거야. 우리 나이 때가 되면 만약에 20~30대는 농사 안 지을라고 할 거야. 그렇지만 우리 나이가, 사람들이 나이를 먹어 가면 자꾸 옛날 생각을 하게 되고 향수에 젖게 되는 게 있나봐. 이 나이가 되니 젊었을 때는 못 느꼈는데 40 넘어가고 50이 넘어가고 50 중반이 되가니까 자꾸 그런 생각이 들어.

평택이 쌀이 유명한 게 대추리 때문인가요?

김택균: 아니. 대추리도 그렇지만 평택 쌀이 옛날부터 유명했어. 대추리가 생기기 전부터도. 그게 뭐냐면 쌀은 낮에 따뜻하고 밤에 서늘하고 기후가 맞아야 되거든. 모든 곡식이 그래. 무조건 뜨거우면 그거는 열대과일, 한국에서는 안 나지. 어? 모든 것이 기후가 맞아야 되는 거야. 기후가 맞는 곳이 평택서부터 이천, 여주 쪽으로 쭉. 기후가 맞는 그 위도 뭐 그런 거 있잖아. 거기에 맞고 거기다가 땅이 또 해주는 거지. 그래 가지고 옛날에는 쌀 같은 게 브랜드가 되기 전에 '여주 ○○○쌀'인가 '□□쌀'인가? 그런 게 있잖아. 그런 게 있기 전에 평택 쌀을 기준으로 모든 쌀의 가격이 책정되는 걸로 알고 있어 나는. 그런데 다른 데서 브랜드를 만들고 하면서 평택 쌀이 쏙 들어가버린 거야. 평택 사람들이 그냥 항상 1등이니까 브랜드 그런 거를 만들 생각을 안 했어. 그런 노력을 안 하다가 딴 데서 브랜드 만들고 상품화하고 막 그러다 보니까 '아차' 했는데, 늦어버린 거야. 그렇

게 됐어.

직접 농사지은 쌀을 먹어 보셨겠네요?
김택균: 그럼 직접 먹어 봤지. 내가 어렸을 때는 어떻게 했냐면 손으로 베었잖아. 낫으로 베서 이렇게 2~3일 놔둔단 말이야. 3일 정도 놔둔 다음에 짚으로 묶어서 줄가리 세워. 요새도 애들 줄가리에 대해서 배우나?
　그런 게 있어. 이렇게 세워서 태양에 말렸다가 다시 뒤집어. 요런 식으로 세워서 말린 다음에, 그것을 집으로 가져와도 되고 거기서 탈곡기, 사람이 직접 터는 게 있어. 그렇게 해서 집으로 가져와서 놔뒀다가 방앗간 가서 정미를 해서 먹기도 하고 팔기도 하고. 이제 콤바인이 생기고 이앙기가 생기고 건조기가 생겨. 우리 세대가 그렇게 농사를 지었어. 건조해서 집으로 가져갈 사람들은 가져가고 방앗간, 그러니까 정미소 있지? 동네마다 정미소가 있었는데, 옛날에는 방앗간이라고 했었어. 거기서 정미를 해서 각자 상인들한테 팔고 나머지는 가지고 와서 먹고.

다시 태어난다면 무슨 일을 하고 싶으세요?
김택균: 그건 몰라. 그건 태어났을 때 그 놈이 알아서 할 일이고. 지금은 내가 아니니까. (침묵)

어렸을 때 대추초등학교 다니셨어요?
김택균: 응. 대추초등학교 1학년부터 들어갔어. 음, 내가 6회야.

6회 졸업하신 건가요? 처음부터 들어가신 건가요?
김택균: 응. 1학년부터 들어갔어. 내 1년 선배도 그렇게 좋은 책상은 아니지만… 3회 선배서부터 다른 초등학교, 계성초등학교에 다니다 왔어. 그러니까 1학년부터 밟아서 온 우리가 6회 졸업생, 나지.

대추초등학교 다니면서 기억나시는 게 있으신가요?
김택균: 기억나는 거?

옛날 친구들이랑
김택균: 친구들이랑 옛날에 그런 적이 있어. 우리 학교 댕길 때만 해도 아산만을 한참 막을 때라 물이 들어왔다가 나갔다 했지. 초등학교 2학년이었을 때 뻘에 갔었어. 뻘에 가서, 그러니까 지금은 평택호지. 평택호가 뻘이어서 물이 조금 나가면 발이 안 빠지고, 거기서 선생님들하고 공도 차고 헤엄도 치고… 그런 기억이 많이 나.

그리우세요. 그때가?
김택균: 그때 그랬잖아. 나이 먹으면 그런 생각이 많이 든다고. 옛날 젊었을 때는 그런 생각이 안 났었는데, 특히 나와서 그런지는 몰라도 가끔 그런 생각이 많이 나. 아이들하고 운동장에서 공차고, 빈병이나 폐지 주워서 학생들끼리 객사리까지 걸어나가서 그 빈병 팔아 가지고 오던 생각, 여러 생각이 나.

요새는 무슨 일을 하시나요?
김택균: 나? 그때까지만 해도 농사짓는 농사꾼이었거든? 진짜 엄청나게 많이 했어. 지금 대추리 이장님, 대추리 전 이장님 김지태 그리고 젊은 몇 사람들이 있거든. 한 일곱 분 정도가 대추리 황새울 영농단을 만들어서 봄에는 뭐 십 몇만 평, 20만 평 씩 모를 심고 논을 갈고 뚜들기고, 가을에도 그렇게 계속 농사지었지.

그러니까 그때는 엄청 젊은 사람들이잖아. 30대 후반에서 40대 초반, 엄청나게 젊은 사람이야. 뭐, 너희가 보기에는 40대는 엄청 늙어 보일 수도 있지만, 그때는 진짜 농사에 대한 많은 꿈을 가지고 있던, 앞으로의 계획을 엄청나게 가지고 있던 사람들이었거든. 그런 사람들이 딱 거기서 끝나버리는 거지. 그래서 나온 사람들 중에서 전문적으로 농사꾼이 된 사람은 두 사람, 세 사람? 그리고 나머지 사람들은 일부러 농사 안 짓는 사람들도 있었을 테고… 나 같은 경우에는 그냥 회사를 들어가게 됐어. 농기계 만드는 회사인데, 또 농기계를 만져 봤기 때문에. 처음에는 많은 걱정을 했어.

    이제 몇십 년을, 어떻게 보면 자유롭게 일을 했던 사람이잖아. 자유롭게 일을 하던 사람이라고. 근데 회사를 들어가서 어디에 구속이 되고 또 그거에 맞춰서 일을 한다는 게 엄청나게 고민이 되더라고. 잘 할 수 있을까? 내가 거기 가서 또 며칠도 못 견디고 그냥 나오는 게 아닌가. 그런 걱정을 많이 했는데… 내가 몇십 년 동안 농사를 지으면서 해왔던 것이 기계를 만지는 일이었어. 대추리 이장님하고. 콤바인하고 이앙기는 거의 내가 만지고 트랙터는 대추리 이장님이 만지고, 그러니까 뜯어서 고치고 일하기를 계속적으로 해오다 보니까 농기계 회사 들어가서 빨리 적응하게 되더라고. 계속 해왔던 거였기 때문에 적응하게 되고 인정을 받게 됐어. 처음에는 조그만 한 부분을 내가 맡아서 들어가기로 한 거거든. 한 부분 사업을 내가 맡기로 했었는데, 회사에 딱 갔는데 그거를 안 시키고 여러 가지 일을 시켜 보드라고. 그렇게 몇 개월 있더니 사장님이 불러. 회사에 직원으로 들어올 생각이 없느냐 그래 가지고, 그 때 대답을 하지 말았어야 되는데 대답하는 바람에 거기 직원으로 여태까지 있게 되고, 그 바람에 여러 가지 일을 하게 됐어. 내가 거기서 천덕꾸러기가 아닌 그래도 능력을 인정받는 사람이 된 거에 대해서는 아주 잘된 일이다. 그럼으로 해서 지금 몇 년간을 계속 그 회사에 다니는 것에 대해서 감사하게 생각하고.

지금 회사 다니면서는 가족과 여행 같은 거 다닐 시간이 생기셨어요?
김택균: 그러니까 내가 지금 그 얘기를 하려고 그랬어. 내가 2003년부터 2007년까지 가족들하고 놀러가본 적이 없었다고 했잖아. 그 이후에도 놀러가본 적이 없는 거 같아. 한 번인가 두 번인가 가본 거 말고는 없어. 내가 땅을 또 많은 땅은 아니지만 땅을 사게 되서 남는 시간에는, 적은 땅이라고 안 가보는 거는 아니잖아. 10,000평을 짓건 1,000평을 짓건 1,500평을 짓던 논에 가보는 시간은 똑같애. 거기서 일하는 시간이 적은 거뿐이지 가보는 시간은 똑같기 때문에 내가 회사를 다니고 월 화 수 목 금 어? 회사 다니고 토요일, 일요일은 논에 가서 조금이

라도 일을 해야 되니까 그런 시간을 갖기가 힘들더라고. 또 거기다가 우리 농업이 바쁠 때에는 회사도 무진장 바빠. 왜? 농기계 만드는 회사기 때문에. 그러니까 3, 4, 5, 6월 초까지는 출장이 많아. 요새는 개발한 게 많다 보니까 토요일도 가야 될 때도 있고 일요일도 출장을 가야 될 때가 있어. 그러다 보니까 애들이 어느새 대학생이 되고 군대도 갔다 오고. 너희도 마찬가지지만 고등학교 이상이 되면 부모하고 이렇게 같이 가는 거를 즐기지는 않은 거 같더라고.

그러니까 내가 놓쳤다는 게 뭐냐면 아이들이 초등학교 다니고 중학교 때 그것도 뭐 이제 고학년일 때는 안 가. 그때 아이들하고 많은 걸 해봤어야 되는데, 그때를 놓치면 그 다음에는 힘들다는 거. 아들 안아본 게 언젠 줄 알아? 아들 군대 들어갈 때 딱 한 번 안아본 게 마지막이야. 그렇게 돼. 그래서 가본 적이 별로 없는 거 같아. 물어본 거에 대해서 대답이 계속 이리 빠지고 저리 빠지지? 건질 게 많을 거야.

농사 말고 직장을 들어가겠다고 마음먹은 계기가 있으세요?
김택균: 솔직히 뭐 여러 가지 이유가 있지만 대추리에서 나오면서, 대추리에서 나오면 아예 농사를 접는다고 생각을 했어. 접는다고 생각을 했고 거기에 있던 경운기며, 이제 단체로 가지고 있던 트랙터나 콤바인 모든 것을 가지고는 나왔는데, 내가 개인적으로 갖고 있던 농기계들은 다 팔아버렸어. 농사지을 생각이 없었어. 농사지을 생각도 없었고, 또 거기처럼 좋은 땅이 없었어. 진짜 장마 지거나 가뭄이 들거나 절대적으로 물 걱정이 없는 데가 거기였었고, 딴 지역보다 쌀 한 톨이라도 더 나올 수 있는 곳이 거기였었고, 쌀 맛 그러니까 미질 및 양질에서도 최고를 따질 수 있는 게 그 땅이었기 때문에. 그 땅이 오래된 땅이 아니라 아주 젊은 땅이었거든. 아주 어린 땅도 아닌 진짜 젊은 **땅**으로 딱 들어선, 청년기로 들어선 땅이었거든. 그러니까 최고의 수확이 나오고 최고의 밥맛이 나오는 곳이었어. 그곳을 대체할 수 있는 곳이 없어. 나중에 뭐 이장님한테도 한 번 물어봐. 지금 이장님이 농사를 짓고 있는 것과 먼저 대추리에서 짓던 땅이 어떻게 틀리냐. 대답을 못할 거야. 그렇게 차이가 났거든. 그러니까 아예 농사를 지을 생각

이 없었어. 근데 또 사게 되더라고. 조금 사가지고 그냥 맛만 보고 있어. 농사짓는 맛만.

이제 무엇을 하고 싶으세요?
김택균: 나는 지금 하고 싶은 거는 없어. 지금처럼 그냥. 이 대추리 사람들 그러니까 옛날에 거기에서 살았던 146가구인가 147가구인가, 150가구 정도 살았던 사람들이 언젠가는 다시 한 번 만나야 되지 않을까? 어떻게 됐던 간에, 진짜 뭐 원수로 그렇게 기피하면서, 또 집을 나가면서 진짜 이웃사촌, 지금 우리 사촌들보다 이웃사촌이 더 가깝다고 말했잖아. 진짜 그 집에 숟가락이 몇 개가 있고 접시가 몇 개가 있고 그런 거를 다 알던 사람들이 먼저 떠난다는 이유로 자기는 죄인처럼 떠나게 되고, 그 옆집 사람은 그 사람이 배신했다 하고. 그렇게 떠나는 거 보지도 못하고. 근데 그렇게 떠나면서 마음 한편으로는 저 사람 떠나는 게 아쉽고, 또 이 양반은 지금 가는 게 아쉽고, 진짜 손 한번이라도 잡아보고 떠나야 되는데 그걸 못하고 떠났어. 그러한 분들이 다시 한번 만나야 되지 않을까? 마을 사람들이 만나서 모든 것을 다 예전처럼, 만나서 하루 이렇게 즐길 수 있는 시간을 가져야 되지 않을까라는 생각이 들어.

그러니까 옛날로, 제로로 만드는 거지. 그래 갖고 그 사람들하고 자주 만날 수도 있고 또 못 만난다고 해도, 제일 처음에 대추리에서 나와서 잔치집이나 상갓집, 이런 데서 만나면 형식의 인사였어. 정이 아닌 오래간만에 만난 진짜 이웃사촌이 아닌 형식적인, 그러한 것이 점차적으로 없어지긴 했는데 이제 털어버릴 시간이 되지 않았을까라는 생각이 들어.

하고 싶은 말, 남은 거 없으세요?
김택균: 하고 싶은 말? 그러게… 그냥 웃으면서 살 수 있는 마을이 됐으면 좋겠어. 이게 대추리 주민들이 대추리서 살 때 하고 여기 나와서 사는 게 틀려졌어.

대추리가 숨막혔던 그런 마을은 아냐. 어떻게 보면 마음에 큰 덩어리를 가지고 있는 분들이야. 그러니까 … 좀 … 화가 들어 있다고 해야 할까? 화가, 어? 그러니까 뭐 이 집 저 집 그냥 아무렇게나 들어갈 수 있었던 것이, 옛날 시골 가면은 이웃집 그냥 들어가잖아. 문 열려 있고. 근데 이제 집이 너무 현대화되다 보니까 잠금장치가 다 생기고, 그러한 것이 조금 걸림돌이 되고 그럴 수도 있겠지만, 너무 그런 게 사라진 거 같애. 사라진 거 같고 무슨 일이 있으면 화부터 낸다는 거. 참을 수도 있고 웃어넘길 수도 있었던 것이 싸움으로. 두려움도 있고 그러한 것이 있는 거 같더라고.

이렇게 점점 가면서 옛날 어르신들, 벌써 대추리서 나오면서 많은 분들이 돌아가셨거든. 지금 80세 넘으신 분들, 그분들이 점차적으로 돌아가시면 여기도 딴 마을이 될 거라고 생각해. 어떻게 보면 다른 사람들이 이사도 들어오고, 점점 다른 데 집이 나가면서 또 이사 들어오고 그러면서 점차적으로 도시화가 되는 게 조금 그래. 안 좋아. 시골은 시골답게 살아야 되는데 점차적으로 이웃 간의 정도 없어지고, 이웃은 어떻게 보면 진짜 가족이거든. 헛기침 한번 해 갖고 쓱쓱 들어갈 수 있는 게 이웃인데. 그리고 나서부터 이 마을 이웃집 들어갈 때 헛기침에 그냥 들어가본 적이 없어. 꼭 불러서 기다렸다가 열어주면 들어가는데, 인제 점차적으로… 딴 사람 들어오면, 농촌인데 농촌이잖아. 여기 농촌인데 도시가 돼 버린 거야. 도시가 될 수도 있. 마을을 어떻게 만드느냐에 따라서 틀려지겠지만 우리가 많은 노력을 해야 될 것 같애.

민병대(1938년생)의
이야기를

이시현(2001년생)과 **유정윤**(2004년생)이
듣다.

민병대: 나는 7살에 일본놈들하고 시험을 봐서 1학년에 들어갔어. 시험을 봐서 붙은 사람은 학교에 댕기고, 못 붙은 사람은 못 댕겼어. 한 달 정도 다니다가 돈을 내는데, 돈을 못 내면 못 댕기는 거야. 3개월 정도 다니다가도 돈 못 내서 한 달 정도 못 댕기면 그만둬야 하는 거야. 그런 식으로 학교를 못 마친 사람들이 많아. 애초에 처음부터 못 붙은 사람들도 많고. 그래서 못 배운 사람들이 많아.

그때 할아버지는 어떠셨어요?
민병대: 나도 학교를 돈 생기면 댕기고, 또 돈 생기면 댕기고 그러다가 끄트머리에 가서, 음… 나 10살 됐을 때 아부지가 돌아가셨어. 아부지가 돌아가시니까 어머니 혼자 논에 물을 못 대지. 졸업을 3개월 앞두고 돈을 못 내서 6학년 졸업을 못 맞췄어. 허허… 그땐 그렇게 살았어.

어려서부터 고생을 숱하게 했어. 학교 다닐 때, 1학년 들어갔는데 먹을 게 없고. 얼마나 배고팠으면 소나무 있지? 소나무를 쭉 훑어서 송진을 먹었어. 그러니 배변도 잘 안 되는 거야. 산에 잔대, 새치, 도라지 같은 나물도 죄다 뜯어먹고. 사람이 먹을 수 있는 건 다 먹었지. 정말 못 먹은 사람들은 오다가 쓰러져서 다른 사람들이 업어오고. 애들 못 먹어서 막 죽는 아프리카, 아프리카 애들 같았어. 다리, 얼굴 이런 곳은 가느다랗게 뼈만 남아서 살은 없는데 배만 이렇게 (손으로 둥그렇게 튀어나온 배 모양을 흉내내며) 나와 있었어.

그때 내가 7살 때였어. 우리 집은 못 살았고 농사를 조금 했었는데, 그마저도 비가 와야 농사를 짓지. 비가 와서 조금 지어놓으면 일본 놈들이 와서, 집이고 뭐고 죄다 나뭇가지로 쑤셔놓고 쌀 이런 거 싹 뺏어가는 거여. 기가 막혔어 진짜. 어떨 때는 못 먹고, 먹는 것도 헛배고 그러니 저런 나무가 (마당의 나무를 가리키며) 노랗게 보이고 그랬어. 어려서 그렇게 살았다고. 내가 이승만 대통령 별장에 한 번 가봤는데, 입던 거, 쓰던 거 보니까 정말 더럽게 못 살았더라고. 대통령이 그 정도니 우리야 뭐 더 말할 게 있어?

여든이시면 어린 시절에 6·25 전쟁을 겪으셨을 텐데, 어떠셨나요?
민병대: 6·25는 원 대추리에 있을 때 일어났어. 비행기 와서 막 쏘고 그러는데도, 우리는 미련하고 잘 몰라서 죽을 줄도 모르고 탄피 주우러 다니고 돌아다니고 그랬어, 허허. 원 대추리에 183세대인가 184세대가 살았었는데 별안간에 미군 부대 비행기 댕기는 활주로를 만든다며 불도저로 그냥 동네를 싹 밀어버렸어. 그래서 그때 거기에서 쫓겨나고 그랬지.

원 대추리와 구 대추리에서, 두 번이나 쫓겨나셨는데 심정이 어떠셨나요?
민병대: 길게 생각할 것도 없이 그냥 걔들(미군) 죽이고 싶은 생각밖에 없었어. 미우면 뭐해, 무조건 나가라고 밀어붙이는데 바퀴벌레든 뭐든 기어 나와야지. 일본 놈들이 집 죄다 뒤지고 간 날, 바로 미군 애들이 들어와서 비행기 활주로 만든다고 말도 없이 싹 밀어서. 물, 이런 먹을 거 싸서 대추리로 피난 온 거지. 쫓겨나서 대추리로 갔더니 거기에서도 '몇 시, 언제쯤 나가'라 이런 말도 없이 무조건 불도저를 가지고 밀어붙였어. 그때는 죽기 살기로 싸우기도 했는데 또 쫓겨나니까 열 받고 정말 성질이 나더라고. 그것들이 와가지고 학교도 다 때려 부수고. 내가 얼마나 열이 받았으면, 마음 같아서는 총이 있으면 나도 막 쏴서 죽이고 싶더라고. 원 대추리에서 쫓겨났을 때는 어렸었는데 구 대추리에서는 나이 먹어서 쫓겨났잖어. 두 번씩이나 쫓겨나니까 정말 성질이 나고 환장하는 거지.

부쉈다는 학교는 대추초등학교인가요? 대추초등학교는 어떻게 생겨났나요?
민병대: 제일 처음엔, 학교를 세우려고 그러는데 교육청에서 땅이 없어서 안 된다고 하는 거여. 그러니 동네에서 '그럼 동네에서 땅을 구해보자' 하고 동네에서 교육청에 (땅을) 사줬더니 교육청에서 지어준 거여. 여기로(평화마을) 쫓겨나니까 땅은 교육청으로 가버리고 학교는 그냥 날아가버린 거지. 우리가 사준 건데 그게 교육청으로 날아가버리니까 얼마나 속상해.

자녀들도 대추초등학교에 다니셨나요?
민병대: 그럼. 내 큰아들은 3학년 때 대추초등학교에 왔어. 그 이후로 다른 애들도 다 대추초등학교에 와서 다녔어. 학교를 때려 부술 때에는, 총이 있으면 그냥 그 놈의 새끼들 대가리를 확 쐈으면 좋겠다는 생각이 들고, 다리가 벌벌 떨리고 말이여. 어릴 때는 부시거나 뭘 해도 잘 모르지만, 저 때 내가 한 오, 육십 먹었을 때니까. 그냥 때려 부수는데 더 환장하지. 대추리 이장도 (감옥에) 붙들려 들어갔다 나오고. 미군 부대 들어오면서 쫓겨나고 그렇게 살았어.

근데 대추리에서도 그 박정희 대통령이 아산만을 안 만들어놨으면 아직까지도 고생했을 거야. 아산만이 생겨서 물을 마음대로 쓰니까 그때부터 동네 사람들 다 부자되고 쌀도 되게 좋아졌어. 근데 그런 땅을 뺏겼지. 나도 8,000평하고, 밭 480평, 집터 합쳐서 9,000평 정도 뺏겼지.

지금은 농사를 안 지으시나요? (나이가 드셔서 그런지 귀가 어두워 잘 알아듣지 못하고 엉뚱한 대답으로 흐르기도 했다)
민병대: 예전엔 외지에서 농사지으러 왔을 거 아니여? 아산만 막아가지고 물도 막 흔하고 그러니까 사람 무지하게 모여들었어. 처음엔 쪼그만 노인네들이 삽으로 여긴 이제 내 땅이라고 선을 그어서 막았단 말이야. 물 들어갔다 나왔다 하던 데가 (땅으로) 드러나니까 선 그어서 여긴 내 땅이라고 삽으로 막았단 말이여. 이걸 알아가지고 이제 돈 있는 놈들이 한 60명이 모여 가지고 사람을 사 가지고 둑을 다 만들었어. 60만 평을 다 막은 거여.

그래 가지고 그 새끼들이 다시 다 뺏어버리고 그걸 또 우리가 샀어. 우리가. 허허. 별 고생 다한 거여. 그래서 팔아서 좀 저기할 만하면 뺏긴 거 아니여. 근데 거기서도 외지에서 온 사람들은 돈이 있고 기름기 있는 땅을 산 사람들은 괜찮지만, 남의 땅에 부쳐 먹던 사람들은 거지야. 땅이 있었어야 뭘 받아서 여기서(평화마을) 먹고 살지. 아무 것도 없이 쫓겨난 거잖아. 그런 사람들은 별 짓 다해 가지고 쪼끄만 집 얻은 거야. 못 사는 사람들이 많아. 있는 사람들은 38평, 40평, 한 50평까지 지은 사람들이 있고. 그리고 다 노인네들이잖아. 젊은 사람은 내가 알기로는 한 열댓 명도 안 될 거야.

　한 사람은 자기 사촌동생이 집을 사서 지어주기도 했어. 그냥 나가서 어디서 어떻게 사는지도 모르는 그런 사람들도 있고. 여기가(평화마을) 그냥 보면 근사하고 잘 사는 것 같아도, 알고 보면 불쌍하지. 쫓겨날 때 처음에 국방부 차장인가 하는 사람이 그러더라고, 어디로 갈 거냐고. 그래서 우리가(땅값이) 싼 곳으로 가야지 비싼 곳은 못 가지 않느냐 이랬지. 그 사이에 사람들이 대추리에서 안 나가니까 별짓 다했어. 빨리 내쫓으려고 동네 사람 한 사람 붙들어서 같이 나올 때마다 얼마 줄 테니까 얼마 끌어내라, 이렇게. 근데 그래도 안 나가는 사람이 50, 70명 됐지. 별 수단 다 안 통하니까 이장을 감옥에다가 갖다 집어 처넣었잖아. 아무 죄 없는 이장을 잡아넣고 2년인가 3년을 때렸어.

　그렇게 1년인가를 살았는데 결국 우리가, 우리가 나올 테니까 이장을 내달라고 그래서 이장이 나오고 우리도 대추리에서 나왔지. 그때는 죽어도 나오기 싫어서 미군 애들하고 싸우고 그랬지만, 사실 지금 가만히 생각해보면 지금까지 거기서 있었더라면, 난 죽도록 싫어. 아주 죽어날 거야. 차라리 난 잘 나온 거야. 젊을 때 별짓 다하고 이기려고 했지. 늙은 놈이 거기서 한 8,000평 농사를 어떻게 지어. 못 지어. 여기서는 아무것도 안 하고 그냥 가만히 노니까 편해. 할 것도 없고 그냥 앉아 있고 동네나 두어 바퀴씩 돌고, 그거밖에 할 게 없어. '이제 죽을 때나 돼라…' 하고 앉아 있는 거지. 젊을 때는 돈이면 그냥 부러리고 죽을 줄 모르고 그랬는데, 이제 돈도 다 소용없고 먹을 것도 싫어. 저기 저 여자는(사모님) 애들 다 나가니까 나랑 같이 있어도 쓸쓸해 죽으려고 해. 50년을 같이 살고 나이 먹으니까 할 얘기가 있겠어. 늙어가니까 그냥 서로 얼굴단 쳐다보고 밥 먹고, 늙어가면 그렇게 되는 거야. 참 기가 막혀.

할머니는 어떻게 만나게 되셨어요?
민병대: 나 24살, 25살에 우리 어머니 언니가 얘기해줘서 그렇게 만난 거야. 거기는(사모님 집) 그래도 쌀밥 먹고 살면서 괜찮게 살았어. 안성 쪽에 살았는데 우리보다는 훨씬 낫게 살았어. 근데 우리 집에 와서 3~4년 고생 숱하게 했지.

어렸을 때 아버지가 일찍 돌아가셨다고 하셨는데 힘드셨을 것 같아요. 어릴 적 아버지와의 추억 중 기억에 남는 게 있으세요?
민병대: 아부지랑 추억은 무슨… 10살 먹어서 학교 다니느라 추억도 별로 없고, 아부지도 징용을 가서 여러 번 만나 뵙지도 못했어. 일본 놈이 강제로 인천에 징용 끌고 갔어. 같이 갔다 온 사람이 이야기해준 건데 하도 배가 고파서 공사하는 곳에 갔다가 감자 썩은 거를 먹고서 탈 나서 죽었대. (아부지가) 집에 오긴 왔었는데, 정말 염병이란 거 걸려서 돌아가신 겨. 아버지 얼굴은 기억이 나. 근데 많이는 생각이 안 나네. 자주 안 봐서 그런지 이상하게도 더 생각이 날 텐데 생각이 안 나.

고생 많이 하셨을 거 같아요.
민병대: 나 원 대추리 살던 때 아래 윗집 살던 친구가 하나 있었어. 걔 아버지는 징용을 가버리고 어머니랑 7살인가 6살 동생이랑 살았지. 근데 걔 엄마가 항아리에 있던 쥐약을 약인 줄 알고서 꺼내 먹고 죽었어. 이제 둘만 남아버리니까 작은엄마네 집에서 같이 살았지. 근데 난 또 그런 독한 여자는 처음 봐. 뭐 먹일 밥도 없었겠지만, 그 겨울에 밥도 안 먹이고 차가운 물을 가져다가 대가리에 붓고 뵈기 싫다고 때리고, 그래서 그 쪼그만 게 불쌍하게도 얼어 죽었어. 우리 엄마가 그 여자 보고 벼락 맞아 죽을 거라고 그랬지.

대추리에서는 어떤 분이랑 친하셨나요?
민병대: 나랑 동갑 먹었던 애들이 한 20명 됐어. 근데 학교 시험 보러 갔다가 14명만 붙고 나머지는 다 떨어졌어. 그래서 걔들은 학교 못 댕기고 우리도 뭐 댕기다 말다 그랬지. 댕기나 마나여.
 그땐 쌀 포대 쪼가리로 옷 해서 입고 다니고 그랬지. 그것도 빨아 입지도 않고. 콧물, 뭐 손으로 만지고 그래서 새카맣고 반짝반짝하고. 하하. 기가 막혀. 속내의도 없이 포대 조각 속에다가 면 가져다 대면 그게 속옷이고 아랫도리는 그냥 다 벗고 다니고… 그 생각하면 참, 고생을 너무 많이 혀서 징그러워.

어렸을 때 꿈이 있으셨나요?
민병대: 꿈같은 거 생각할 경황이 어디 있어. 예전에는 먹고 사는 것들로 눈이 벌개서. 지금 니들이 하는 것 마냥 앞으로 커서 뭘 하겠다 하는 거 하나도 없어. 그저 돈 버는 데 있으면 돈 벌러 가고 나물이라도 뜯고, 뒤에 갯벌에서 뭐 참게 같은 살도 없는 거 잡아먹고 그렇게 살았어.

당시에 음식 가운데 가장 기억에 남는 것이 있으세요?
민병대: 특별한 날에 먹었던 건 명절 때. 명절 때 아버지 솥아서 생전 처음 닭 한 마리 잡아와 가지고 내 동생들, 어머니, 할머니, 아버지 여럿이서 나눠 먹었지. 한 마리로 닭고기는 그 양반들(부모님, 할머니) 먹고 (우리는) 맑은 국만 먹고서는… 닭국은 그때 먹고 못 먹어봤어.

(구 대추리에서 쫓겨나실 당시) 2005년에는 4대가 같이 사셨다고 들었어요.
민병대: 4대가 같이 살았지. 할머니, 나, 아들, 손자 이렇게 4대가 살았어. 손자들 (가족사진을 가리키며) 저기 저 사진도 우리 가족이 32명인데 두 사람 빠지고 찍은 거야. 명절에도 복잡해. 이 집을 원래 둘이 사니까 조그맣게 지으려 했는데 가만히 생각해보니까 안 되겠더라고. 책에서 25평짜리 집을 봤는데 거실이 되게 좁더라고. 그래서 공사하는 사람들한테 거실 있는 대로 크고 넓게 하고, 방을 조그맣게 해달라고 했어. 둘이 자는 방, 방 3개, 부엌하고 다용도실, 화장실, 이런 것들 해서 한 1억 2천만 원 들었나봐.

오토바이를 탈 줄 아신다고 들었어요.
민병대: 제일 처음에는 황새울 논이라고 우리 논이 있는데, 거기를 자전거 타고 다니면 2시간도 넘게 걸려. 그래서 안 되겠어서 88오토바이 나왔을 때 그거 사서 계속 타고 다니다가 고장이 났어. 이왕에 타는 거 100짜리로 사서 타고 다니다가 지금은 오토바이 세 개째여. 옛날에는 오토바이 쉬웠지.

지금은 오토바이 안 타시나요?

민병대: 왜 안 타. 지금 오토바이 새거야. 지금도 100짜리 맨날 객사리 타고 다녀. 근데 차는 안 배웠어. 친구 놈, 지금 이장 아버지하고 나하고 친구인데 걔하고 같이 배우러 갔는데 그 날 술을 먹었어. 술을 먹는 바람에 빠꾸 당해서 걔가 에이 그냥 때려치자고, 안 한다고 하기에 뭐 나도 안 했지. 그래서 여태 안 배웠어. 어머니가 술 먹는 사람은 오토바이도 차도 배우지 말라고 해서 맨날 싸웠는데, 논에 다니면서 오토바이 안 배우고 배겨? 오토바이 벌써 세 대째야.

오토바이 타시고 어디로 가셨어요?

민병대: 저 너머 먼 데 있어. 오토바이 다 타고 다녔어.

할머니는 이동하실 때 어떻게 하셨어요?

민병대: 같이 오토바이 뒤에 태우고 다녔지.

어르신 술 좋아 하시나요?

민병대: 젊을 때는 술 계속 많이 먹었는데, 나이 먹어서는 좀 덜 먹어. 일주일에 두어 번 정도 먹거나 말거나. 담배도 하루에 한 갑 정도 무지하게 많이 피웠었는데 이제는 다 끊고. 소주가 파란 거랑 빨간 거 두 개 있는데 파란 거 먹어. 빨간 게 파란 거보다 도수가 조금 더 높아. 젊었을 때에는 막걸리 보통 하루에 2~3되씩 먹고 그랬어. 배고플 때 막걸리 무지하게 먹어서 막걸리로 배 채우고 그랬지.

성당에 다니시면 결혼식도 혹시 성당에서 하셨나요?

민병대: 안성 성당에서 했어. 나 어려서부터 세례 받아서 성당 다닌 지 좀 됐지.

결혼식 사진 있으세요?

민병대: 결혼식 사진, 이사를 몇 번을 했는데 다 없어졌을 거야.

구 대추리나 원 대추리 사진 있으세요?

민병대: 원 대추리 사진 없을 거여. 내가 쪼그만 했을 때니까 없고. 여기 이사 와서 찍은 사진밖에 없을 걸. 그거 보려면 한참 찾아야 할 걸.

(사진 찾아오신 후)

젊으셨을 때 같은데요?

민병대: 젊었을 때 사진이야. 대추리 7명 계원들 하고 쌀을 150가마 모아서 그거 가지고 놀러 다녔지. 한국 안 놀러 다닌 데 없이 다 놀러 다녔어.

이건 예전 집인가요?

민병대: 이 집 짓고 3년 만에 쫓겨났어.

이 사진은 여기 같은데요?

민병대: 이 집이다. 여기 집이여.

이건 어디인가요?

민병대: 이게 옛날 집이다. 대추리.

할아버지 댁이 어느 쪽이었어요? (대추리 지도 그림을 보며)

민병대: 이층집이여. 논 바로 옆 이층집 이거일 거야. 도로 옆 노인회관에서는 한참 가야되지. (손으로 가리키며) 행길에서 바로 옆이야. 돼지 막 있고 아까 앨범에서 봤던 양옥집, 앞에 항아리 있던 이층집이여. 그 밑엔 기와집이고.

자녀분들과 손자, 손녀 분들은 어디에서 살고 계세요?

민병대: 다들 여기 평택 시내에 살아. 큰 손자는 군대에 가고, 둘째 손자는 20살인가 21살인가 잘 모르겠네. 자꾸 잊어버려. 큰애 나이밖에 몰러. 큰애가 55살인가? 그럴거야.

여기 평화마을로 들어오시면서 첫 번째로 했던 일 있으세요?
민병대: 일하는 거? 일은 무슨. 다 뺏겨서 새로 짓는 건데. 집 지을 때 일을 안 하고, 집 지을 때 쳐다만 보고 틀린 것만 잔소리만 했지.

구 대추리나 원대추리에서 자주 가셨던 곳이나 애착이 가는 곳 있으세요?
민병대: 노인정이랑 회관이지. 거기서 주로 다들 모여서 화투도 하고 술내기하고, 윷놀고 다 거기서 했어.

할아버지랑 친구이신 분 아직 여기 평화마을에 있으세요?
민병대: 나랑 한동갑 먹은 사람 나까지 셋이지. 여기 앞에(창문 밖을 가리키며) 사는 사람 하나, 저 아래(창문 밖을 가리키며) 통나무집 사는 친구 하나 하고, 또 나 하고 셋이지.

자주 만나세요?
민병대: 밖으로 잘 안 나오고 맨날 집구석에만 앉아 있지. 걔들이 나와야 하는데 노인정에 잘 안 나와. 나도 몇 번 갔다가 그냥 사람 없어서 그냥 오고. 거기 앉아 있어야 하는데 찔끔 들여다보고 안 앉아 있지. 그러니까 못 만나고 심심해 죽겠어. 앉아서 이야기하면 좋은데 맨날 친구가 없어.

성당 가서 어떤 걸 기도하세요?
민병대: 부자 되게 해달라고 이런 건 안 빌고, 항상 우리 집안 편안하게 해달라고, 몸 건강하게 해 달라고 하지 뭐.

지금 몸 불편하신 데는 없으세요?
민병대: 시방은 어디 불편한 데는 없어. 근데 언제 죽을지는 모르지. 옛날 노인네들 얘기 들어 보면 밥 먹고 죽는 사람도 있고, 자고 나서 죽는 사람도 있고. 나이를 먹으면 언제 죽을지 몰라. 죽는 날만 기다리는 거지 뭐. 옛날에 그런 생각이나

해 봤겠어? 참 기가 막힌 일이야.

방승률(1938년생)의
이야기를

전혜진(2002년생)과 **김가현**(2003년생)이
듣다.

연세, 고향, 가족관계 등이 어떻게 되시나요?

방승률: 고향은 평택시 팽성읍 대추리 105번지에 살았어요. 그랬다가 1951년도에 마을이 또 부대로 들어가서, 대추리 명의만 가지고 137에 1번지로 갔어요. 이전을 해 가지고. 그런데 지금은 우리가 비행장 때문에 철거해 가지고 여기로 왔잖아요. 이제 여기는 대추안길 25-11. 가족은 나하고, 할머니하고, 셋째 아들 손자 하나. 네 식구가 살아요. (원래 자녀는) 4남매인데, 4남매 중에 딸이 하나 막내로 있고. 큰아들은 대전에서 살고, 둘째 아들은 서울서 살고.

원래 대추리 태생이세요?

방승률: 대추리가 고향이고 출생지이고. 주로 직업이 농업. 농업에 종사했지.

언제 땅을 빼앗기셨나요?

방승률: 1940년, 1938년경쯤에 일본 군사정권이 대추리를 군사 기지로 해 가지고 동네만 빼고 논, 밭, 전답 할 거 없이 싹 징발해갔지. 개인들에게 땅값이나 뭐 산 임대값이나 보상이라고는 한 푼도 없이 싹 징발해갔어. 그렇게 해 가지고 이사 온 곳이 두 번째, 우리가 비행장 확장 반대했던, 그 자리로 이사를 다시 왔어. 그때 내 나이가 18살이었지.

6·25 때의 기억이 있으신가요?

방승률: 그때 엄청 무서웠어. 내가 지금으로는 초등학교, 그때는 국민학교. 그때 3~4학년쯤 됐었어. 그때까지 일본말을 배웠는데, 학교 가서 한국말을 하면 선생한테 들키면 그냥 때리고. 그때는 월사금이라는 게 있었어. (다달이 내는 수업료) 월사금을 학교에서 가져오라 하면 돈이 있어, 그때? 뭐, 남의 집 가서 노동일을 해 갖고 쌀이나 보리 이런 거 있고 하면 그거 팔아다가 줄 수밖에 없는 때거든. 나중에 우리가 초등학교 졸업했을 때, 3월에 졸업했는데 6월에 6·25 사변이 났거덩.

그때 논에 가서 일했어. 일하는데 전쟁 났다고 해 가지고 일하다 말고 집에 들어왔는데, 들으니까 내무소, 무슨 뭐 읍사무소 같은 그런 데에 소집이 딱 돼 가지고, 상황이 일사천리로다가 진행이 되더라고. 그걸 보니 참 기가 막혀. 이제 그 비행기 폭격 하고 그러니까 호도 파고, 다리 끊어진 거 가서 고치기도 하고 그렇게 끌려댕겼어, 내가.

그때 나이 열여섯이었는데, 내가 키가 좀 컸어요. 그니까 내 또래 작은 놈들은 안 끌려가고 나만 끌려댕겼어. 다리 부러지면 미리 가서 가마에다 모래 담아서 쌓고, 내가 어디서 훈련받았냐면 평택에 여중 사거리라는 데 있어. 거기 이제 그 안으로 들어가면 우리 동네에도 쪼끄만 게 있었는데, 그 군인들이 전쟁할 때 호 파 가지고 왔다갔다 그러는 거야. 그걸 교통호라 하거든. 그거 파러 여중 사거리에 갔는데, 거기 작업장에 막 들어가려 그러는데 천안 쪽에서 그 조명탄이 빽-빽 떨어져. 이제 불이 막 평택 쪽으로 오는데 땅바닥에 개미, 왠 개미 새끼가 다니는 것도 다 뵈더라구.

그렇게 현장을 못 들어가고 근처 집에서 은신하고 있다가 어딘가 하루 들어가 자는데, 쪼끄만 게 여덟 자 방. 한 1m, 1m 50cm 정도 집에서 9명이 잠을 잤어. 아침에 주인이 나가서 바깥의 신발을 다 마루 밑으로 치우더라고. 비행기 뜨면 신발 다 본다고. 그리고 작업하러 갔다 한 10시쯤 되니까 비행기가 뜨기 시작해. 그런데 이제 비행기가 저 밑으로 날아댕기는데, 너무 무서워서 감당을 못하겠더라고. 비행기가 돌아다니면서 기관총 쏘고, 폭탄 떨구고. 이게 어디에 떨어졌는지도 몰라 잔뜩 엎드리고 있는 거지. 오후 3시쯤 되니까 비행기 소리가 조금 줄더라고. 그래서 가까운 고모님 댁으로 가는데, 비행기가 오더라고. 뱅뱅 돌다가 비행기가 1대가 더 와. 우리 가는 데를 비행기 2대가 뱅뱅 돌면서 있더라고. 계속 가다가, 비행기가 계속 우리를 싸니까 더 이상 못 가겠더라고. 우리를 내려다보면, 그 조종사가 다 보여. 오금이 저려서 갈 수가 없어. 그래서 근처 헛간이 있었는데, 보릿짚. 보릿짚을 땔감 하려 쌓아논 거여. 그래서 거기로 들어가. 파고 들어가 가지고 납작 엎드려 있는 거야. 이제 기다리고 또 기다리다 보니까 비행기 소리가 안 들려. 그리고 누가 날 막 찾아. 그렇게 나와서 집에 가. 아직도 기억이 생생해. 어유, 너무 무서웠어.

살아오신 대추리들 가운데 가장 애착이 가는 장소가 있으신가요?
방승률: 두 번째 대추리. 왜냐면 우리가 1938년경에 왜놈들에게 토지를 전부 징발당하고, 농토가 없었어. 그리고 두 번째 대추리로 왔는데, 그때는 먹을 게 없었거든. 정말로 아침 먹고 점심 거르고 저녁 먹으면 잘 먹는 거야. 그런 시절이었어.

이제 거기로 와서는 농토를 확장해야 살잖아. 근데 마침 그 뒤에 농토를 조성할 땅이 생겼어. 농토 조성할 땅이 생겼는데 그거 제방을 따 가지고 농토를 조성해야 하잖아. 근데 그때는 뭐가 정부에서 나왔냐면은 대여곡이라는 게 있었어. 그게 농민들에게 벼를 빌려주고, 다시 가을에 회수하는 거야. 그게 대여곡이었어. 이제 그걸 빌려다가 먹으면서 제방을 조성했어.

제방 조성하는 게 그게 쉬운 게 아니야. 바다 흙을 쌓는 것이 엄청 힘들거든. 그 여덟목 가래라고 있어. 가래가 (바닥에 동그라미를 그리고 양 옆에 줄을 4개씩 그으며) 이렇게 생겨서 이렇게 생긴 건데, 이제 여기다 고리 달고 줄 달아서 양 쪽에 4명씩. 4명씩 줄을 잡아당겨서 둑을 쌓는 거야. 그게 여덟목 가래라고 하는 거야. 양 쪽에 네 명씩 붙어서 잡아당기는 거니까. 근데 그걸 한 번 뜨면, 장정 힘으로 한 집을 흙을 파서 던지게 되요. 여기서 저기 주방 있는 데꺼정 (약 50m가량) 흙이 나갈 수 있으니까. 이게 어느 정도로 쏴지냐면 한 1m 50cm 정도를 가래로 쏴. 땅이 그 갯벌을 파 가지고 제방을 쌓는 거야. 그리고 이제 그 나머지는 올라갈 수가 없으니까, 지게에다 삽질해서 파서 짊어지고 제방 둑에 올라가서 흙을 부어서 완전히 제방을 만드는 거야. 그러니까 바닷물이, 조수 때 들어오면 넘치지 않고 파도가 쳐도 넘지 않아. 이제 그렇게 해서 만든 땅이 한 30만 평되었나.

왜정 때 쫓겨 나왔던 호(가구) 수가 84호였어. 그런데 이제 제방이 생기고 토지가 확장이 되니까 150세대가 됐지. 그 시간이 정말 (목이 메고 눈물을 흘리심) 그게 그렇게 힘들게 살았어. 제방 쌓을 적에 얼마나 힘들었는지. 이 가래로 하루 흙을 쌓고 나면, 손이 이렇게 뒤로 가지도 못 해요. 그렇게 힘들던 게 그 작업이었어. 그건… 우리가 뭐 필수적으로 해야 되는 입장이었으니까 그건 감내를 하지… (울먹이심) 그 우리 땅을… 미군에게 수용한다고… (눈물) 우리가 농촌이라,

젊은 사람들은 없고 나이 많은 사람들밖에 없잖아. 미군 부대 확장을 한다고 하는데 우리가 그 옥토 두 번 세 번을 다듬었는데. 1952년도에 6·25 사변이 나가지고 비행장 확장을 했어. 그런데 그때는 전시였기 때문에 또 비행장 확장한다고 몰수당한 거야. 10원 한 장 못 받고 또 쫓겨나게 됐어. 그래서 이제 마지막까지 남은 거야. 두 번째꺼정. 왜정 때는 동네만 남았고, 농토만 징발이 됐고. 6·25 사변 때 그 고통을 또 받고 쫓겨나와 가지고, 그 제방을 막아서 농토를 조성해서 거북이 등짝이 되도록 옥토를 맹글어놨는데, 어느 사람이 그걸 환영하고 좋다고 할 사람이 누가 있냐 말이야. 지금도 그게 찢어지게 가슴이 아파.

2004년 9월 1일, 평택대학교에서 일어났던 일을 말씀해주실 수 있으신가요?
방승률: 이제 그 데모에 참가하게 된 것은, 우리 지방 주민들끼리는 도저히 막을 수가 없잖아. 그래서 이제 도와달라고 한 거야. "우리는 비행장 확대하는 걸 원치 않는다"고. 또 "대대로 살아오던 농토, 고향을 또 잃을 수 없다." 그래서 이제 그 데모를 하고 반대를 한 거야.

그런데 2004년 9월 1일날, 국방부에서 무슨 주민설명회를 한다고, 평택대학교에서 한다는 소리를 들었어. 우리 주민들에게 통보를 않고. 그걸 우리가 들었어. 그래서 거기를 우리 주민들이 간 거야. 근데 그 주민설명회를 하는데, 우리 지방 사람들은 안 오고, 뭐, 대전, 서울, 청주, 무슨 사방에서 온 사람들이. 이게 주민설명회여, 그게 주민설명회야? 그때 정부가 누구야, 노무현 정부였어. 응, 참여정부라고 하고 주민 보호하고 어쩌고 한다고 했지? 그런 정부가 주민들에게 설명도 제대로 안 해주고 평택대학교에서 설명회를 했어. 그래서 이제 우리 주민들이 몰려가니까 전경들이 쫙 깔렸어. 못 들어가, 우리는. 그리고 이제 초청된, 설명회 나온 사람만 들어가는 거야. 우리는 이게 억울하잖아. 그때 거기서 전경들하고 막 싸우면서 들어갔어. 들어가서 그냥 막 거기서 소란 피웠지.

연행되신 분들도 있다고 들었는데?
방승률: 그렇지, 들어가서 설명을 하는데 그 놈의 소리가 우리 귀에 들어오겠냐

이 말이야. 그러니까 막 떠들고 소란을 피울 수밖에. 그래서 설명회를 다 하지를 못했어, 우리 때문에.

그랬는데, 그 심하게 한 사람들을 막 잡아간 거야. 잡아갔는데, 그게 평택 지역에서 일어난 건데 평택경찰서로 가야 하잖아. 그런데 경찰 담당이 뭐냐면 여주에서도 오고, 이천에서도 오고 이렇게 경찰들이 왔어요. 평택경찰서가 아니고. 그러니까 이제 자기네들이 잡은 사람은 자기네 경찰서로 데려가는 거야. 그렇게 잡힌 사람들은 이제 여주로도 가고, 이천으로도 가고. 평택경찰서 온 사람이 다섯인가 있었어.

그때 거기서. 그때부터 그 촛불이 시작된거야. 평택경찰서 정문 앞에 와 가지고 막 항의를 한 거지. 왜 우리를 구속하느냐. 그래서 낮에 그 공청회를 한다고 했는데, 밤 12시가 지나도록 경찰서 앞에서 항의를 했어. 그게 소위 이제… 촛불시위가 거기서부터 시작이 된 거야. 물론 회의 진행을 방해한 건 맞지만, 잘못한 게 있어야지. 그러니께 12시가 지나 내보내더라구.

여의도 앞에서도 천막 농성을 하셨던데요?
방승률: 여기 지방에서 항의해도 안 듣고, 안 되고 하니까 국회로 갔어. 가서 항의 해봤자, 우리 지방 국회의원들이 얼굴을 쳐다보고 그냥 내빼버려. 그리고선 뭐 이렇다 저렇다 설명도 없고. 우리는 목소리만 내고 떠들었다 뿐이지 하나 받아들이지를 않았어.

군인들이 마을의 수로를 막고 원형 철조망도 설치했다고 들었는데?
방승률: 농사철이 다 됐는데, 모를 심어야 할 것 아니야. 그래야 되는데, 그 수로로부터 물이 오잖아. 그 수로를 파괴해 가지고 물이 못 들어오게 했어. 그러니까, 마른 바닥에다 무슨 모를 심어? 그래서 어떻게 했느냐면 '건답직파'라는 게 있어. 마른 땅에다가 종자를 넣어 가지고 씨를 세우는 거. 그래서 이제 그 기계를 사다가 네 꺼 내 꺼 할 것 없이 벼 종자를 가져다가 뿌려서 심었어. 물을 대지 못하게 잘라놨으니까, 수로를 갖다 우리가 잘라놓은 데를 밤에 가서 틀어막고 나

니까 그 이튿날 또 갖다 잘라놓고 거기다 세멘(시멘트)을 갖다 해놓은거야. 그러니까 이제 건답직파를 할 수밖에 없어. 우린 살아야 되니까. 그래도 이제 나중에 비가 오고 그러니까 발아가 돼 가지고 싹이 올라오고 벼 알이 생겼었어. 근데, 거기 가서 하나도 못 건졌어요. 다 버리고 나왔어. 못 들어가서. 그 종자, 인건비 이런 거 다 우리가 했는데도, 하나도 못 건지고 한 톨도 못 건지고 그냥 나왔어. 저짝을 다 즈이네들이 메꾸었으니 뭐 어떻게 해…

　별안간 그 군인들이 와 가지고 그 농토에다가, 동네 가상에다가 홀을 파고, 철조망을 가져다 막 치고. 그 원형 철망, 동그란 거 있잖아. 그걸 가져다 막 집어넣고. 그 군인들꺼정 들어온 거여. 저 쪽 그 오성면 쪽에서 강을 건너 가지고, 그 도강을 해서 막 들어오고, 헬리콥터루다가 철조망 같은 걸 날라서 막 연결을 해놔. 그렇게 하고선 주민들이 농토에 들어오지 못하게 원형 철조망을 해놓고. 차가 오면 그 차를 타고 학교에 가야 하는데, 그 사람들이 승낙을 해야 갈 수 있었어. 그런데 분하잖아, 이게 우리를 고립시키고 동네를 그냥 포위하고 있으니까. 그래서 어떤 방법을 썼냐, 멍석이라는 게 있어. 짚을 엮어서 이런 자리만하게 만든 게 멍석이야. 그거를 그 원형 철조망에다 덮어씌우고 그리로 넘어가고 그랬어. 군인들이 천막을 쳤는데, 거기를 들어가서 막 쑤시고 다니니 걔들이 깜짝 놀랐어.

군인과 경찰(전경)이 다른 점이 있었나요?
방승률: (우리가 군인들 철조망으로 들어갔을 때) 그때 걔들이 무기도 가져왔는데, 사용하진 않았어. 그 몽둥이, 참나무 몽둥이. (군인들이) 그걸 다 가지고 있었어. 근데 우리가 대드니까 지들이 어떡해. 그 지들 부모 같은 사람을 때려서 그걸 할 순 없잖아. 그렇게 호통을 쳐가지고 군인들은 처치가 됐어. 그렇게 내뺀 거여. 그런데 경찰은 다르더라고. 전경들이 여기 다… 대한민국 전경들이 여기 안 왔으면 경찰이 아니고 전경이 아니야. 하루에 1,200명씩. 1,200명씩 그 우리 부락 비행장에서 비행장 뒤를 싹 둘러쌓은 거여. 여기 안 와본 사람은 경찰이 아니여.

그때 대추리에 함부로 들어올 수도 없었다고 들었어요.
방승률: 대추리꺼장 들어오는 그 농토 부근은 다 홈을 파 가지고 원형 철조망을 치고 했는데, 버스 다니는 그 도로는 안 막혔지. 안 막혔는데, 중간에서 검문을 시작하는 거야. 우리 동네 사람인가, 데모하러 오는 사람인가 그거 구별해서 차단을 시켰어. 주민들도 (신분증을) 까봐야 집에 들어왔어. 그게 한 1년 계속되었어. 친척들이 오려 해도 못 들어와. 그래서 이제 우리한테 저들이 전화를 해줘. 그러면 우리가 나가서 데리고 오는 거야.

마을에선 어떻게 나오게 되셨나요?
방승률: 나중에는 저 사람들이 어떤 작전을 썼느냐면, 이제 그 알 만한 사람들을 불러내. 불러내 가지고 어떻게 꼬셨는지, 그 사람들에게 돈을 더 주고 나가라고 하고. 뭐 했는지는 몰라도 하나씩 하나씩 끌어내 가지고 그 사람들이 친한 놈들끼리 이렇게 가 가지고. 우리는 데모하는데 그 사람들은 이것 저것 참가도 않고. 이웃 친척이 없었어. 우리 부락이 단결이 굉장히 세거든. 그런데 이게 70%는 반대하고 30%는 찬성해도 이뤄지지 않을 텐데, 이게 5:5 정도가 됐었어. 그런데 이제 뭐냐면, 우리가 숫자가 더 줄어드는데 계속 버티고, 그렇게 찬성을 해 놓고 슬그머니 나머지 데모하는 사람들한텐 얘기도 않고 그냥 슬그머니 이사를 가는 거야. 그러니 어떡해. 이제 빈집은 늘고. 우리 숫자는 적고.

빈집은 늘고, 우리 숫자는 적고 하니까 앞에서 주동하던 사람들 불러 놓고, 더 이상 우리가 버텨봤자 더 피해만 보니까 농토는 뺏겼지만 우리 대추리의 명의, 고향의 이름만이라도 그걸 찾아갈 수 있으면 그거는 찾아가자. 그래서 국방부 직원하고, 우리 대표단 윗사람하고 시청 직원하고 시청에서 타협을 봤어. 대추리 명의는 어디를 가든지 가져갈 수 있다. 해주겠다, 그 얘기를 했어.

쫓겨난 뒤의 2년 동안 어디서 어떻게 사셨어요?
방승률: 시청에서 타협하고 한 사흘인가, 사흘도 안 되서 차 갖다가 누구네 집은 며칠날, 누구네 집은 며칠날 이사 가라 하고, 그냥 차 대놓고 막 실어버린거야.

그러니까 어떡해. 살림살이를 감당을 못했어, 감당을. 걔들이 창고를 지어놓은 게 있는데, 다 거기다가 집어넣고. 그 사흘 동안에 그냥 싹 쫓겨났어. 그래서 어디로 갔냐면 지금 그 팽성초등학교 있는 데에, 그 빌라 집으로다가 들어가라고 그랬어. 거기서 2년인가 살았나? 그 살림살이는 다 딴 데 갖다놓고 뭐 챙길 수가 없어. 그냥 막, 무조건 막 이삿짐 차가 와서 싣고 나가니까.

제일 서운하고 안타까운 점이 있으신가요?
방승률: 그 시청하고 국방부하고 협의를 했던 것이 다 무효가 됐어. 지금 우리는 대한민국 국민의 한 사람이 아니야. 우리가 지금 대추안길 어쩌고 하지만, 그건 형식에 불과해. 법적 마을이 되지를 않았어. 지금 우리 이장 되는 사람이 우리가 나올 때부터, 쫓겨나올 때부터 했던 사람인데, 그때 해서 우리가 이장으로 세워놓고 했지만 법적 마을이 안 됐어. 이게 소위 그 대한민국의 실태야. 우리가 데모할 적에, 인근 부락이나 평택시 시민들에게 조금이라도 피해가 가게 한 건 없어. 오히려, 평택시가 정부한테 18조 8천 6백억을 받아내, 우리 때문에. 그런데도 우리는 자기 권리 행사를 하지를 못하고 있어.

 지금, 여기 와서 우리가 생각해보면 돌산에 와서 떨어진 거나 마찬가지여. 돌산에 와서 떨어진 거. 그 비옥한 땅을 다 버리고. 여기 와서 뭐 터 200평, 텃밭 100평 그런 거, 그냥 준 게 아니야. 다 우리가 돈으로 산 거야. 집 짓는 것도 다 우리가 돈 들여서 한 거야. 전두환 적에, 뭐 군사 정권이었지? 그때 대청호 주민들 철거할 적에 그 사람들 이전할 땐 다 해놓고 집까지 지어줬어…

미군 부대 때문에 가장 피해를 입은 점은 무엇이었나요?
방승률: 우리는 60년 동안 아주… 비행기 소음 때문에… 전화도 못 했으니까, 비행기 뜰 적에는.

이전은 모두 어디로 가셨나요?
방승률: 그래서 뭐 이전 지역을 두 군데, 세 군데 만들어놨는데, 우리는 돈 되는

것보다 여기로 오면 조용하게 살겠다. 그래서 여길 택했어. 저기 비행장 저쪽에 다도 했는데, 거기는 하나도 안 갔고. 지금 남산 그쪽도 일부 가고. 또 나머지는 고덕 신도시 생긴다던데 거기로 간 사람도 있고. 다 뿔뿔이 흩어졌지. 다만 우리는 여기로 오면 참 마음만은 편하게 살겠다, 그래서 여길 택했어.

투쟁 전에는 미군에 대해 어떻게 생각하셨어요?
방승률: 그때는, 전시 때 아니여, 전시 때니까 어따 항의 한 번 못했지. 항의 한 마디 못 했어, 그때는… (잠시 침묵) 그 때 52년도 8월. 음력 팔월 추석날 무렵이야. 그게 밭에는 뭐 콩이구 수수구 그냥 누렇게 익어가고. 근데 그 뭣 하나 수확을 못 하고, 넘겨줬어. 그때 저, 미군들이 도자(불도저)로 갖다 막 그냥 밀구, 우리가 안 나가고 있으니까 이놈들이 집을 막 밀어붙이는 거여. 그러니까 어떡해. 다급하니까 그냥 나올 수밖에. 어따 주먹질 한 번 못 하고 그 집을 나와, 집터를 만들어야 했어. 옛날에는 다 초가지붕이었으니까. 초가지붕까지 한 3~4m 돼 그 짚 쌓인 곳이. 그걸 싹 걷어내 가지고 죄 묶어서, 쌓잖아. 그러면 어떻게 이동을 했냐면, 동네 사람들이 아침에 한 집씩, 전부 일어나가지고 옮겨줘. 다 옮겨줘가지고. 또 낮에는 살 집터를 놔줬어. 집터를 맹그는 거야. 그렇게 터를 그러모으면, 밤에 11시까지는 집터를 봐줘. 하루에 다섯 집, 여섯 집. 지금은 뭐 포크레인이고, 다 있잖아. 하지만 옛날 우리는, 돌을, 크고 넓적한 돌을 동아줄로 뒤로 묶어. 그리고 줄을 여러 개를 달아. 달고 그걸 여럿이 들었다 났다 들었다 났다 그래. 그렇게 다졌어, 집을. 새벽에는 그 집 헐어논 거를 옮기고, 낮에는 또 집터 만드는 걸 해야지, 저녁에는 또 그 집터 다져야지. 그때는… 고난이 참 말도 못 했지.

할아버님은 미군보다 한국 정부에 아픔이 많으신 것 같아요.
방승률: 우리는, 우리 마을은 아직도 법적 마을이 안 됐어. 인간 취급을 안 해준 거야. 지금도. 우리가 인제, 옛날에 새마을 사업 했었잖아. 회관도 짓고, 노인정도 짓고, 또 대통령 하사금 받아서 땅두 사는 거 있었어. 그때 내가 새마을 지도자 했거든, 두 번이나. 60년대에, 그때는 뭐, 모범 부락이라고 했으면 대통령 하사

금을 받았었어. 그때 뭐냐면 500만 원씩 줬는데, 500만 원이믄 그때 굉장히 큰 돈이여. 땅두 사놓구, 한 번 받아선 땅 사놓고, 한 번 받아서 송아지를, 이제 기를려구. 송아지를 사서 인제 개인한테 줘 가지고, 새끼를 내 가지고 도로 회수해서 또 딴 사람에게 기르게 하는 그런 작업을 했어. 두 번. 두 번이나. 그른데 인제, 그 돈으로 회관 잘 지어놨었지. 노인정도 잘 지어놨구. 그런데 이제 그 사람들이 이것저것 가리지 않고 나갔어. 나갔는데 이제 그 회관하고 노인정. 그 토지 대금이 놔왔을 거 아냐. 그걸 달라고 소송을 걸었어요. 소송꺼정. 그러니까 인쟈 그 사람들하구 틈이 벌어졌는데, 그 짓까정 했으니 더 웬수가 되지요, 웬수. 그 사람이 죽어도 안 가구, 혼인 잔치 해도 안 갔어, 서로. 지금은 조금 완화가 됐는데… 그렇게 주민끼리 사이가 벌어진 거여… 어떻게 같이 평생을 살던 사람들이 갈라질 수가 있어… 그래서… 생각해보면, 우리 지역 사람들이 참, 무슨 운명에 처했는지 몰라두, 일제 때부터, 6·25 전쟁 적부터 그렇게 고난을 겪어 왔어.

대추리에는 특이한 동물이나 식물이 있나요?
방승률: 그때는 여우. 여우가 많았어. 아주 지금 개 기르듯 했어. 그리고 솔부엉이. 우리 살던 데는 솔부엉이가 살았어. 마지막 나오던 데에. (긴 침묵)

솔부엉이랑 여우는 이제 어디로 사라졌는지 모르지. 저기 역사관 있는 데에, 그쪽에 소나무 있잖아. 그 소나무가 우리 동네에서도 특이하게 치는 거야.

요즘은 어떻게 지내세요?
방승률: 요즘은… 뭐, 여기 와서 할 게 있어야지. 이제 밭에 가 가지고, 김장 하기도 멀었거든. 그 밭을 누가 그냥 해 먹으라고 하는데, 내가 기계 있고 하니까. 내 농사짓던 기계도 하나도… 정리 안 하고 그냥 가져왔어. 그니까 기계가 있고 그러니까 놀 수 없잖아. 들, 바깥에 나갈 일도 벨루 없구. 뭐 나이 먹었다고 그냥 쭈그리고 앉아 있으면 텔레비전 보고, 잠이나 자고… 그런 짓밖에 못 해. 그래서 운동 삼아서 왔다갔다 하려고. 또, 내가 살았을 적에 자식들한테 콩 한 말, 기름 한 되라도 주면, 부모가 살았다는 증거가 되잖아. 그렇게 사는 거지…

송재국(1938년생)의
이야기를

서우경(2002년생)과 **신하준**(2003년생)이
듣다.

가족관계는 어떻게 되세요?

송재국: 가족관계는 3남매고, 지금 1남 2녀가 있고, 막내가 있었는데 서울비행장-군인 공군 가서 병사를 했어. 막내는 잃었고. 저기 사진에 다 있는데 애들이. (가족사진을 가리키며) 우리 큰딸이 서울에 사는데, 딸을 하나만 낳았어. 큰딸한테서 낳은 외손녀가 미술대학 나왔고, 올해 졸업했어. 그리고 큰딸은 저기 뭐냐 물리치료사야. 둘째가 아들인데, 기술을 모아 가지고 세 사람이 조그맣게 공장 하나 하고 있고, 그리고 손자는 남자가 둘 여자가 하나. 3남매를 뒀고 마지막으로 셋째 딸이 또 여자만 둘만 낳았어. 그리고 천안에서 살고 있고. 이제 내 가족 소개는, 이게 집사람이고.

내가 일단은 대추리에서 살아나오면서 지금까지 여기 온 그 이야기를 다는 못 하겠지만, 그냥 대충 이야기를 할 테니깐 그중에서 궁금한 게 있으면 물어봐. 그게 낫지 않겠어?

원래는 내가 그 대추리에서 태어난 사람은 아니에요. 충청도에서 태어났습니다. 그러고 내가 아주 어렵게 살았어요. 너무 어릴 때는 취직도 못 하잖아요. 쭉 거기서도 농사짓는 게 그러니깐 먹고살기 쉬운 게 아녀. 우리 아버지는 나 7살 때 돌아가시고. 그래서 어머니 혼자서 아무것도 없는 생활 속에서 애들은 먹여살려야 되니깐.

할 수 없이 내가 나이가 먹으니깐 어디 가서 뭐를 해도 해야 먹고 살 거 아냐. 우리 형님이 한 분 계셨는데 17살인가? 그때쯤 목수 일을 배워 가지고 밥을 그렇게 못 먹진 않았어. 그렇게 살다가 내가 어떻게 해서 미군 부대 경비원에 취직을 해 가지고 평택 여기에 K-6 부대에서 경비 생활을 했어.

그 전에 내가 고향에서 먹고살아야 되고 그러니까 17살부터는 남의 집에서 일을 품팔이를 했어요. 그렇게 해서 조금씩 보태고 그랬는데, 어느 날인가 동네 어른 한 분이 충청남도 대덕군 장동리라고 하는 동넨데, 그 동네에 그래도 제일 좀 먹고살 만한 사람이 자기네 일을 좀 와서 해달라고 그래서, 나는 이미 다른 사람한테 일을 맡겼기 때문에 못 해준다고 시간이 그렇게 안 된다고 그랬더니 그 양반이 무슨 말을 하는가 하면, 그 얘기를 하면 지금도 내가 눈물이 나요. 화를 내면서 '내년 봄에도 일해줄 수 없냐?' 그렇게 물으시는 거야. 그게 무슨 말이 냐면, 네가 내년 봄에 일거리가 있을 것 같냐? 그런 얘기야. 알기 쉽게.
　집에 와서 하여튼 눈이 퉁퉁 부어버릴 때까지 3일을 내가 울었어요. 하두… 하두 분해서 이제 내가 여기서는 도저히 자리를 잡고 살 수가 없다 싶어 가지고 미군 부대 경비일을 어떻게 어떻게 해서 들어갔어요.
　내가 나와서 '당신보다는 논 한 마지기라도 더 지을 수 있는 틀을 마련을 하 겠다.' 그런 각오를 가지고 고생을 무척 해 가지고 어떻게 어떻게 해서 그… 대 추리 거기에 초등학교가 있는 거 아시죠? 그 초등학교 바르 교문 앞에다가 집을 짓고 거기 구멍에 조그맣게 가게를 했어.
　그러면서 열심히 해 가지고 논을 조금 조금 장만해서 한 2,000평 장만을 했 어요. 근데 그 2,000평 논을 장만을 하고 그때서야 지난날에 내가 품었던 나쁜 마음을 회상하게 됐어요. 그래도 그 분이 그렇게 했기 때믄에 오기로 열심히 해 서 이만한 거래도 지금 살 수 있었구나 생각을 하니까 그 분한테 고마움을 내가 한 번 느꼈어요.
　대추리라는 게 참 평택. 평택군이었어요 평택시가 아니었고. 평택군 중에 부 락 그 평택군 팽성읍이 아니라 팽성면사무소였을 때, 그때 대추리 주민들 가옥 수가 제일 많았어요. 어디 어디 마을 중에 제일 많았는데, 참 재미있게 살았어요, 동네 사람들끼리.
　그러니깐 그렇게 시작하면서 구멍가게 했고, 구멍가게 해서 4남매들 가르 치는 게 너무 힘이 들었어요. 구멍가게를 왜 했냐하면 학교가 평택으로 나가야 되니까 차비라도 어떻게 보태볼까 하고 시작했는데. 이거 촌이니까 아마 집 수 는 한 148가구 정도 되는 거 같은데, 옛날 사람들 먹으면 전부 외상이에요. 빨리 갚는 사람이 1년, 2년, 3년 이렇게 이상을 뭐, 그렇게라두 해서 애들을 가르치면 서…
　잘못 생각하고 산 건지는 몰라도 아들이 초등학교 때 탁구를 쳤어. 학교 선 생님 한 분이 탁구를 잘 치는 분이 있더라. 이래서 탁구 부서를 해 가지구 대추 초등학교에서, 평택군에서 우승기를 가졌어. 청담학교라고 아세요? 거기서 걔를 데려가서 선수단을 만들려고. 그런데 생각해보니까 그 학교에 보내면 공부는 안 될 것 같아요, 내 생각이.

그래서 그걸 포기를 하고 대추리에 그냥 살면 안 되니깐, 평택으로 이전을 해서 초등학교를 평택학교를 다녔어요. 그리고 초등학교를 다니면서 집사람은 낮에는 와서 밤 12시까지 가게를 하고, 그 다음에 평택을 나가서 애들 아침에 학교를 갔으니까 가서 저녁을 해놓고 애들 데려다 밥 먹이고, 밤에 들어와서 또 그런 반복되는 힘든 일을 집사람이 참아 냈어요. 그래 가지고 애들이 어쨌거나 4남매가 대학교는 다 다녔어요. 우리 막내는 청주에 있는 청주대학에 다니다가 군인을 갔는데 아까 얘기했지만, 애가 키가 1메다 80한 5 이렇게 됐으니깐 키가 아주 컸어요. 그리고 애가 잘 빠졌어 이쁘게. 서울비행장이 대통령이 거기서 타고 가고 내려가는 데거든. 그리고 가면 에스코트해 가지고 대통령 뒤에 따라댕기고. 그런데 황장엽이 넘어왔는데 과로로 해 가지고 세상을 떠서, 그때 너무 낙심이 되 가지고 가게도 접고 생활이 한 2~3년간 완전히 엉망진창이었어.

나하고 집사람도 너무 고심을 하고 또 애들한테 이게 안 될 거 같으니까 그걸 참느라고 울고 싶으면 들판에 나가서 울고 그랬어요. 그것도 한 벌써 몇 년이여 한 23년 됐구만. 글게 인제 세월이 흐르니까 그냥 그런대로 살겠는데.

그렇게 하고서 재미 좀 들려서 재산을 모으기 시작하는데, 미군 부대가 이게 문제가 생긴 거여.

내가 객지로 생활을 하다가 대추리를 들어온 지가 45년 됐지. 이제 들어와서 대추리에 깊은 역사는 잘 모르고, 대추리 사람들이 이주한 게 일제강점기 때 쫓겨나서 이사했고, 미군들이 주둔하면서 쫓겨나 이사를 또 한 번 했고, 미군들이 저거 비행장 그거 하는 바람에 다 세 번을 쫓겨난 사람들이여. 그런 역사가 있었고. 그래서 가장 억울하고 분한 건 뭐… 군사시절 같으면 그때 법이 군사 시설에 필요한 땅이 누구 땅이 됐든지 내놔라 하면 무조건 내놓아야 하는 법이었어, 옛날에는.

근데 지금은 전쟁이 휴전이 됐고 그게 법이 없어졌잖아요? 근데 와서 그 몇 평을 내놓아야 한다는 설명회를 중령이라는 사람이 와서 설명을 하다가 동네 사람들이 반발을 하고 나중에 그냥 내쫓아버렸어, 그냥. 그래서 가서 설명을 했다고 무조건 땅 평당 얼마 줄 거고 할 거니깐 나가라. 그런 식으로 해서 싸움이 한 4년간 벌어졌지.

근데 이제 그 사람들이 주민들한테 이야기하기를 해야 되는 이유가 어떤 게 듣고 싶었는가 하면. 우리가 이렇게 하는 게 나라에서 하는 일이니만큼 어려우니까 꼭 해야 되는 일이니까 어떻게 해주면 양보를 해주시겠느냐, 그런 타협이 안 되더라도 그런 상의 한마디라도 있고. 그렇게 강제로다가 쫓겨난 것이 아니면, '대한민국 똑같은 국민 사람으로서 정말 너무 농촌이라서 대접을 못 받는구나' 하는 억울함이 있었고. 그 시설을 확장하면서 정부에서 피해를 줘요.

근데 뭐 정부에서 하는 거니까 동네 이장 그런 사람들이 똑똑한 사람들이 다 하고, 평택시에도 이제 또 부대가 들어온다니까 부대가 들어오면 아마도 당분간은 조금 고생이 될 테니까 입막음하기 위해서 300억을 평택시에다 내놓았어요. 근데 그걸 왜 내놓냐면, 평택시 사람들이 대추리 사람들하고 같이 모여줘서 반발하면은 못 들어오잖아요. 어쨌거나, 못 들어오니까 그걸 방지하기 위해서 평택 발전 기금 위원회를 조직을 시켰어요. 시에서 그렇게 해 가지고 거기에다가 평택시에서 이렇다 하고 사는 사람들 다 불러다가 거기에 임원을 다 만들어놨어요. 그렇다고 해서 회의를 하기 시작하는 거예요. 저기에는 지금 간첩! 간첩이 섞여가지고 저렇게 난리를 치는 거다.

우리는 하도 억울하니까 사회단체에다 의뢰를 해 가지고 이제 그렇게 하는데 처음에 그거 할 때도 이렇게 말했어요. 25만 4천 평만 들어올 거다. 고게 25만 4천 평 고게 대추리 사람들 땅이예요. 그래 갖고 뒤에 도두리 신흥 뭐 그자 다 들어간 사람들도 있는데 고 경계로다가 경계를 만들어놨어요. 여기만 할 거다, 근데 이해가 안 가잖아요. 논이 저짝 동네에서 이짝 동네까지 있잖아요? 그러니깐 대추리 사람들 논 경계를 다 그냥 이리 이리 이케 삐딱하게 만들어 갖고 (허공에 직선이 아닌 삐죽한 모양을 그리며) 고짝만 들어갈 거다.

그렇게 해서 그게 어려우니까 그 김지태 씨라는 분이 이장으로 왔는데 그 분이 사회단체로 찾아갔어요. 찾아가서 25만 평 정도 들어가는 땅이 네모지게 하든가 동그랗게 하든가. 하던 땅이 조금 들어가더래도 그것도 흡수를 해서 그렇게 들어간다. 그렇게 하면 이해가 가는데, 우리는 도저히 이해를 할 수가 없다. 그러니까 좀 알아봐달라. 그렇게 그 사회단체가 알아보니까 365만 평이 들어가는 걸로 돼 있는데.

거짓말 한 거네요?
송재국: 응. 거짓말을 왜 했느냐면 쪼꼬맣게 한 도랑씩 한 도랑씩 퍼낼려고 했던 거여. 그리고 그 옆에다 지어 가지고 거기서 살 수 없이 해 가지고 말을 듣게끔 할라고 작전을 회의를 했던 겨. 그 장 뭐시기인가 국회의원 누구덜 만나 가지고 나쁜 말을 했어요. 당신이 이 지역 국회의원이라면 그거를 우리한테 안 알려주면 안 된다, 정식으로 해라. 그러니까 나한테 확실하게 발표가 안 나서 모른다고 그 말만 하더라고. 그래서 할 수 없이 쌈이 됐어요. 만나면 우리는 못 내놓겠다 죽어도. 이 땅은 근데 그게 원래 본심이에요. 그 땅을 내놓을 수 없다는 게 본심이에요.

　나도 그 땅을 만들기 위해서 조금 조금 사 가지고 논을 만들고, 증말 기계도 없이 비닐을 넓게 놓고 흙 파 가지고 논 막느라고 어깨에 물 담아 가지고 끌고 다니면서 만든 황새울인데. 그게 재산 돈으로는 별거 아니지만 나는 이런 생각을 했어요. 농촌 사람들이 자식들을 가르치는 데 좋은 대학에 잘 못 가르치잖아요. 내가 늙어서 농사를 못 지으면 우리 애들이 퇴직하고 들어와서 나 돈만 줘도 생활할 수 있으니깐. 그렇게 대대 물려가며 살아간다 하면 영원히 후손들이 이 자리를 지키고 살 수 있는 곳이 안 되겠느냐. 그래서 상당히 자부심을 가지고 그런 생각을 가졌는데. 할 수 없이 싸움이 벌어져서, 다 그냥 이 땅에서 묻히고 이 땅에서 묻혀 죽자. 그래 가지고 사회단체가 도와주기도 하고. 싸움이 벌어졌는데, 할 수 없이 나이는 안 되니까 동네 이장 그런 사람들이 이제 시에서도 불려가고 경찰서에서도 불려가고.

　나중에 어떻게 어떻게 되다 거짓말을 해서 회유를 시켜서 한 집 한 집 빼내기 시작하더라구요. 거의 한 60%? 60%가 자신들 동네에선 죽어도 안 나가자고 약속해놓고 빠져 나가더라고. 글게 한 40%도 못 남았으니까.

그때서부터 논 근처를 가덜 못하게 굴을 홀을 파가지고 못 들어가게 물을 받아놓고 가시철조망을 이케 타악! 거기 들어가다 가시철조망에 걸리면 물에 빠져 죽잖아. 못 들어가게. 게다가 군 헬리콥타를 띄워놨어요. 그런 지경이 되니깐 자다가도 헬리콥타 지나가는 소리만. 잠이 아주 번쩍번쩍 깨고, 아주 그런 상당히 어려운 삶을 살아왔어요. 그래서 바로 부대가 들어올 거니까 빨리 나가라.

하도 그렇게 해도 안 되니까 이장 같은 사람들, 젊은 사람들 뭐 공무방해? 공무방해죄로다가 다 갖다 집어넣고 다 노인들만 남았는데 젊은 사람들 고생하는 게 너무 불쌍하고 딱하니깐 면회를 가면, 우리 걱정하지 말고 아버님들께서 하고 싶은 대로 하시라고, 우리 걱정하지 말고 하라고, 우리는 지금 손들 기분 아니라고 그렇게 아주 용기를 주고 그랬었어요.

우리가 나가야지 젊은 사람들이 무슨 고생이야 그랬어요. 김지태 이장은 그 사이 4년 징역형을 받았어요. 그래 가지고 나중에 타협이 된 게 우리가 나가면 다 풀어주겠다. 그건 법이 아니잖아요. 그죠? 잘못해서 4년 징역형을 받았으면 형을 다 받아야 되는 거지 우리가 손을 들고 나가면 풀어주겠다. 이거는 무식한 사람들 무식한 농촌 사람들이라고 그런 말 하는 것도 너무 억울하고.

그것도 그렇지만, 뭐 그 사람들이 하는 말은 말이 되거나 안 되거나 자기들이 하는 거니까 다 그렇다 하고. 할 수 없이 젊은 애들 어쨌거나 풀어준다고 하니까 타협을 봤죠.

그렇게 싸우고 그 사람들이 거짓말을 얼마나 하는지 몰라요. 할 수 없이 타협을 보고 그 사람들도 나오고 이사를 간 거야. 빌라로 갔죠. 빌라로 갔는데, 그게 처음 말이 집을 준다고 그랬어요. 처음에 전세를 얻어서 주고, 집을 지어서 가면 그 전세금은 우리가 갖는다는. 정부에 회수한다는 이야기가 아니라 그 집을 하나씩 준다. 농촌에 사는 게 어렵잖아요. 내 논 없는 사람도 있고, 남의 일하는 사람도 있고. 그런 사람들은 집을 한 채 준다고 하니까 마음이 솔깃하죠. 그래서 자꾸 빠져나가더라구요. 빌라로 이사를 오고 거기서 3년을 살았는데, 말하자면 자기들 말로 만기가 된 거죠.

여기 이게 조성한 땅이잖아요? 조성한 땅 위에 집을 지어야 되는데 여기도 빨리 안 주고 그러니깐 오갈 데가 없잖아요. 할 수 없이 2년을 더 늘려서 거기서 전세로 살고 그리고 집을 내가 사고. 그런데 사람이 그거 참… 일단 그렇게 하고 났으면 그냥 와서 맘을 닫고 살아야 하는데 여기 이사 와서 살면서 거기 빌라에서 살면서 도저기 아시죠? 도저(불도저)가 다니는 거 보면 속이 뒤집혀, 소리나는 거 보면. 그 벼가 크면서 들판이 우거지고 익고 벼 타작해 들여가는 걸 보면, 그냥 살고 싶은 맘이 하나도 없었어요. 그것이 벌써 7년이 흐르니까 인자 그런가보다 하고 그러는데 부럽기가 짝이 없지, 보면. 그렇게 세월이 흐르니까 여기 와서 농사를 지어서 우리가 살 수가 없는 그 땅을 받아 가지고 여기 와서 3분의 1밖에 못 사는 겨. 원래 동네 이 근처에 땅값이 그렇게 비싸진 않았어.

사람의 심리겠지만 다 자기들이 급한 게 없으니까 지들이 어디로 가겠는가 이런 거지. 그걸 노리고 땅값이 바짝 올라 안 팔고 있었어. 그르니깐 뭐 저기 저 정뱅이땅이라고 아시나 몰라? 서산에 땅을 사가지고 재를 분석하려고 가봤는데, 여기서 거리가 얼맙니까, 서산이. 노인네들이 차 있어요? 없잖아요. 거기 가서 오두막집이라도 짓고서 농사는 지어야 되는 건데, 농사지을 여력도 없어지고. 힘이, 나이가 드니까. 그러니깐 뿔뿔이 빠져나가는데, 44가구가 여기를 다 같이 합쳐서 왔어요. 그래도 이제 다 같이 한동네 있던 사람들이 그렇게 있으니까 좀 위안이 되더라고요. 이제는 그 생각은 거의 잊었어요. 잊고 자신들이 살면서 뭐 몸들이 아프고 그러니까… 그게 사람이 묘한 게요. 지금 우리보다 한 5세, 6세 되시는 분들이 그 부락에서 떠서 나오자마자 매년 돌아가시는데 정신이 없이 돌아가시는 거예요.

미군 경비를 하셨잖아요. 미군 기지와 구멍가게에서 하셨던 일을 알려주실 수 있으세요?

송재국: 10년을 했어요. 미군 경비를 10년을 했는데, 그것도 또 한 군데에서 오래 못 하잖아요. 왔다 갔다 하면서 10년을 생활을 했고, 거기서 조금씩 조금씩 알뜰하게 해서 남는 거 모아 가지고 그 돈으로 대추리 와서 땅을 샀어요. 1,500평

인가 사놨어요. 10년이 딱 됐는데, 그 부대가 이제 없어지더라고요. 부대가 없어지니까 이제 갈 자리를 잃는 거죠. 그게 사실은 회사에서도 그렇게 하면 안 되는 거잖아요. 그런데 뭐 어쨌거나 부대가 없어지니까 자연적으로 꿈을 내가 결심하게 되어 가지고, 대추초등학교 앞에다가 하나 뺐는데, 우리 집사람이 대추리 사람이에요. 내가 뭐 근무할 때.

경비로 근무할 때요?
송재국: 응. 잘 눈여겨봤다가 살림을 잘하고 온순하게 생겨서… (웃음) 웃기는 얘긴데 나는 생활이 어렵고요. 우리 집사람은 아버님이 이장으로 계시고, 먹고 사는 거는 중간층은 됐으니까. 근데 내가 아무리 맘이 있어도 상대편이 마음이 없으면 안 되잖아요. 그게 몇 번 내가 대추리를 방을 하나 얻어서 거기서 지내면서 아무리 하는 걸 봐도, 나같이 없는 사람하고 생활을 하면 조금은 도움이 될 거 같아요. 그래서 눈독을 들여봐도 말이 안 나와요.

말을 못하죠. 처음엔.
송재국: 네. 못하죠. 왜 못하냐면, 나는 아주 사는 게 형편이 안 된 상태에서 거서 나와서 사는 거니까. 집도, 아무것도 없는 사람이 그래도 밥은 먹고 살 수 있는 규수한테 맘이 있어서 그런 얘기를, 고백을 못하겠더라고요. 그런데 대추리 동네로 들어가서 사니까 그래도 대화는 할 수 있더라고요. 인사랑 대화. 근데 어느 날인가 잘 기억은 안 나는데, 이야기를 하다가 내가 이렇게 말을 했어 바꿔서, 저기 아가씨 소개를 좀 해줄 수 있느냐.

다른 사람인 척 하고?
송재국: 어~ 근데 그 대추리 아가씨 한 분 소개를 할 수 있냐고 물으니까, 누구냐고 물을 거 아니예요? 가르켰다고. 손으로.

당신이라고 하고 손가락으로?

송재국: 어. 그리고 뭐 이렇게 딱 거절은 못하고 아무 말도 안 하드라고. 그래서 거기서 헤어졌어요. 그래 가지고 배짱을 크게 먹고. 그때만 해도 벌써 50년이 지났으니까요. 그래서 내가 처갓집을 찾아갔어요. 그때는 처갓집이 아니지만, 가니깐 대청에서 가마니 치는 걸 하고 새끼 꼬고 그래서 내가 장인 되실 분한테 인사를 했죠. 근데 그 분도 내가 대추리 동네에서 그냥 잠만 자고 다른 건 안하니까 사실은 이만저만해서 얘기하기 송구스럽긴 하지만 청혼하러 왔습니다 그랬더니, 그 배짱이 마음에 들으셨나봐요. 장인어른이 '총각이 처녀한테 청혼하는 것이 흉이 될 게 있겠느냐'고. '그러니깐 생각 좀 해볼게' 했는데 (웃음) 답이 안 와. 아무런 얘기가 없어. 그래서 내가 잠자는 집 그 아주머니가 장인어른 누님의 딸이었어. 그래서 그 분한테 잠깐 얘기를 했지. 그랬더니 그게 승낙이 되 가지고 장인어른이 저하고 우리 집에서 갔다가 오고서 그래도 승낙을 해서 결혼을 했어요. 그래서 4남매 낳고 살고 한 놈씩 한 놈씩 배워 가지고 지금은 이런 거 저런 거 생각할 겨를이 없고, 몸들이 아프니까 뭐… 그렇게 살았고.

뭐 구멍가게를, 결혼하고 나서 했지. 결혼하고 나서 나가서 한 2년 살다가 들어왔어요. 근데 그 들어온 게, 여기다 논을 하나 해놨기 때문에 직장을 그만두고 대추리로 이사를 오게 됐고.

처갓집에서 주선해서 학교 교문 앞에다가 구멍가게를 했는데, 그때 와보니까 구멍가게를 하는 집이 두 집이 있었는데. 너무 이익을 많이 내는 거 같고. 힘들긴 힘들지. 평택하고 여기로 운반해야 하는데 버스가 안 다니고 막 그럴 때니까. 그래도 죽으라는 법은 없어서, 내가 그 집을 지으면서 들어가서 버스가 개통을 했어.

그래서 내가 가게를 하는데, 다 이익금을 45%를 내놓고 하더라고. 그 가게 하는 사람들이. 그 양심이 안 맞잖아요? 난 그래서 도매집에 가가지고 정상적인 가게를 하려면 이익금을 얼마를 두고 해야 하느냐. 여기는 그 버스를 타고 나와서 싣고 가야 하는 그런 단계가 있으니까. 암만 못해도 20%는 봐야 될 꺼다. 이 집은 당신 집이냐고 해서 그렇다고 했더니, 20%만 하면 가게 운영하는 사람들하고 보편적인 것이다. 버스 종점도 바로 그 가게 앞이 됐어. 짐 가서 그런 거, 사다 실어 오는 거를 아무 어려움 없이 실어왔죠.

그렇게 하면서 시내 가서 물건을 사오는 것도 보니까 그 도매집에서 정당한 가격을 나한테 주는 건지 안 주는 건지 모르잖아요. 경험이 없으니까. 그래서 그 ○○상회라는 데서 주류, 음료수 뭐 사오면서 버스 터미널에 있는 △△상회에 가서 거짓말 한 번 했어요. 그 사람이 물어봤어. 맥주 얼다에 떼가는 거냐고 열 짝인가 그렇게 사 가지고 가니까. 그래서 내가 사 가지고 가는 가격보다 훨씬 싸게 떼오는 걸로 불렀어요. 그랬더니 나보고 에이, 그짓말이라고. 아 그럼 거짓말이면 그만두시라고 그랬더니, 아니 보자는 거여 전표를. 나보고 자꾸. 그래서 당신 떼온 거 나 좀 보여줘. 그래서 교환을 해서 봤어요. 그 사람이 나보다 싸게 떼어 오더라고. 그래서 ○○상회에 쫓아 들어가 가지구 거기 가서 따졌어요. 그랬더니 미안하다고, 미안하다고 그러면서 말 마차에다가 음료수하고 뭐 실어 가지고 소주 몇 박스하고 맥주 몇 박스하고, 미안하다고 사과하면서 그걸 보내 주더라고. 그렇게 해서 가게가 이제 괜찮게 됐어요.

농사일을 하셨잖아요. 농사일을 시작하시게 된 계기와, 농사일에서 어떤 점이 가장 좋으셨는지 궁금해요.
송재국: 아까 내가 얘기했지? 그 동네 분이 내년 봄에도 너 일하러 댕길 거냐고 말을 한 거를, 내가 그걸 3일을 울고 그랬는데 내가 땅은 산 거여, 거기다가. 그걸 생각하면서 일을 하니까 너무 재밌지. 쪼끔씩 자꾸 되니까. 내가 힘들었던 거는 말할 것두 없지 뭐. 재미 말도 못하게 나지… 말도 못하지 재미가 나. 세월이 흐르면서 아들이고 딸들이고 다 결혼해서 살림을 나가잖아? 그러면 그걸 식량 대주고, 또 고추 농사져서 고춧가루 해 주고, 참깨 농사져서 참깨 해 줘, 마늘 농사져서 마늘 농사 허고. 다 집에서 다 양념해 가지고 양념도 대줄 수 있잖아. 쌀도 대주고. 니들도 나중에 크면 알아. 니들이 커서 이제 자식들 밥해 주고 뭐래도 하나, 에어컨이라도 하나 사 주고 하면 정말 아버지인거 같고, 멋있는 사람인 거 같고. 본인도 그렇게 느껴. 그런 게 일하는 활력에 상당히 도움이 되요. 정말 뭐 그

런 재미로 살았어.

농사는 클 때 많이 힘들고 고생도 안 했어. 배는 고프게 살았어도. 땅이 없으니까 못 짓고. 그래서 그렇게 살았는데 내가 이제 논을 사놓고 농사를 지어야 되니까. 경험이 없으니까. 한 해 그 농사를 지었는데, 망했어요. 남 먹는 거 반밖에 못 나왔어, 쌀이. 그래서 안 되겠다 싶어서, 그 다음부터는 농촌지도소라는 게 있어. 농사짓는 거에 대한 그 가르쳐주고 하는데. 거기를 시간만 되면 쫓아갔어요. 쫓아가서 일본에서 농사짓는 책 같은 거를 빌리고, 거기서 빌려주고 보고 그랬어. 그렇게 해서 시작해 가지구 3년 만에 대추리에서 농사 잘 짓는다는 소리를 들었지. 그렇게 해서 농사는 그런 재미에다가 잘 지었어.

미군 기지 확장 반대 투쟁 전에는 미군에 대해 어떻게 생각하셨나요?
송재국: 미군들에 대한 감정은 없었어요. 그때만 해도 없었어요. 감정 없었고. 또 사실 미군들이, 그 당시만 해도 내가 경비 근무를 했지만, 그렇게 좋은 대접을 못 받았죠. 그 사람들한테 상당히 저급한 사람들로. 인정할 수 없는 사람들. 그래도 우리가 밥 먹는 터전이 직장이니깐 어쩔 수 없이 그냥…

미군 기지 확장 반대 투쟁하실 때 주변에 확장에 찬성하시는 분들도 계셨나요?
송재국: 찬성까지는 안 했지. 찬성까지는 안 했고. 투쟁이 벌어졌을 때, 자꾸 아까도 얘기했지만. 시위나 군청이나 이런 데서 자꾸 회유를 해 가지고 나중에 가면 그 값도 못 받는다 하니깐 촌사람들이 겁나잖아요. 근데 뭐 찬성을 하기보다는 같이 동료 회의를 열어 가지고, 죽어도 우리는 한 팀, 죽기 아님 살기로 우린 끝까지 하자, 뭘 하든 나가도 같이 안 나가고 남아도 끝까지 남자고.

나중에 동요를 해 가지고, 싸인을 받아서 해놓았던 거야. 그런데 뭐 어떡해 회유 받아 가지고 자기 재산인데 어떻게 해요. 그 사람들은 나가면서 욕도 많이 얻어먹었어요. 지금도 3분의 2 정도는 혼사잔치나 환갑 있으면 왔다갔다 하긴 하는데, 지금도 만나도 별로 말하고 싶진 않아.

대추리 투쟁 때 가장 기억에 남으셨던 건 무엇인가요?

송재국: 기억 남는 건. 리민의 날 행사지. 또 그렇게 사람을 업신여기거나 그러지 않고. 없는 사람들 감싸줘 가면서 서로 살았고. 그 인제 원래 나는 산골에 살았으니까, 난 그렇게 큰 논이 있는 걸 몰랐죠. 거기다 곡식을 심어 가지고 벼가 크고 가을엔 또 누렇게 익어 가지고 고개 숙이고, 그거 죽어도 못 잊죠. 그거.

대추리에서 가장 가까웠던 친구나 이웃이 있으셨나요?

송재국: 아무래도 이제 사람이 살면서 똑같이 친절할 순 없어. 일단 그건 우선 내게도 문제가 있는 거고, 상대편에게도 문제가 있는 거로 생각하지. 근데 어쨌거나, 그 동네분들이 노인들이고 그때는 할아버지들이고, 또 우리 또래고. 다 그렇게 상당히 좋아했어요.

동네 사람을 좋아하게 된 동기가. 우리 어머니가 내 7살 때 아버지가 돌아가시니깐 젊으신 분이 혼자 애를 기르고 산 거 아니야. 남의 밭 쫌만 얻어 가지고 사는데, 그 어려움, 또 우리 살 때 윗집에서 우리보다 한 5년, 6년 더 나이 먹은 분이 나무해오시고. 여자니까 약하고 또 우린 어리고. 그렇게 잘 했어. 그래서 어머니가 동네 사람한테 신세진 거를 못 잊었어요. 그걸 못 잊고, 대추리 들어와서 살면서 뭐 큰 기계는 없었지만, 그래도 경운기라도 가지고 있었으니까. 그 할머니들 혼자 살게 되고, 며느리들 혼자 살게 되고 그런 일들이 꽤 있었어요. 남들 일은 나가 도와줄 능력이 없지만, 그런 분들 기계도 없으니까. 뭘 더 실어다주고 뭐 이렇게 해주는 거를 열심히 하면서, 내가 우리 어머니 생각을 했어. 이렇게 하는 거를 동네 사람들이 싸가지 없는 놈이라고 안 봤어요. 그냥 다 동네 어른들이 좋게 봐주었죠.

대추리를 끝까지 지키고 싶으셨어요?

송재국: 그 이유는, 내가 논을 장만을 하면서 원래 논을 가지고 있던 사람이면 생각을 안 했을 거여. 그런 생각을. 내가 하나도 없는 상태에서 논을 장만해놓으니까. 내가 농사를 안 지어도 도지(일정한 대가를 주고 빌려 쓰는 논밭이나 집터)라는 말

있지. 도지. 알아들어? 내가 논을 얼마를 주고 젊을 사람을 지으라고 하면, 얼마를 주고 지어서 먹는 거야, 그 사람이. 그거 보고 도지라 그랬어. 옛날에. 논을 올려놓고 생각을 해보니까, 나중에 애들이 직장에서 떨어지면 뭐 해먹을 게 없잖아요. 그니깐 무슨 생각을 하느냐면, 내가 원래 고생을 하면서 커서 이걸 자꾸 쪼금씩 쪼금씩 늘려서 큰 땅을 만들어 놓으면, 우리 아들이 커서 자식을 낳잖아요. 그 땅을, 집을 아들을 주고. 아들은 손자한테 주고. 아들은 와서 땅 관리하면 생활을 그렇게 먹잖아요. 또 계속하면 손자고, 증손자고 그게 너무 좋을 것 같아서. 땅을 장만하는 걸 좋아했고 그랬지. 그런 설움들이 한두 가지가 아니죠, 뭐.

투쟁하실 때 계속 촛불집회도 나가고 그러셨나요?
송재국: 그럼요. 앞장섰죠.

앞장섰을 때 가장 기억에 남는 장면이 있으세요?
송재국: 그럼요, 참… 사회가 옳지 않다는 걸. 와서 투쟁하면서 같이 협조를 했잖아요. 그때 제일 기억에 남는 게 뭐냐면 그 경찰들. 경찰관, 전경이, 군인 같은 전경. 수없이 모집해 가지고 와서 이제 싸우잖아요. 우리가 뭐 할라면 못 하게 막고. 근데 평택 전경으로는 모자라니깐, 사방에서 지원이 와요. 애들 데리고. 뒤에서 들으면 무슨 얘기가 들리냐면, 사회단체 사람들이 사진 촬영을 할 때 그거는 피해야 한다. 사진촬영을 할 때는 잘 해라 하고. 그런데 이제 문제는 저쪽에서 투쟁이 벌어지잖아요. 반대하는 투쟁이 벌어지면 사회단체 사진 찍는 사람들이 막 가요. 그러면 이제 (사회단체 사람들이) 아무도 없으니까, 막 하는 거야 이제 막.

사회단체 사람들 없으면 주민들한테 막 한다는 거죠?
송재국: 응. 막 해. 겁주는 거지 그냥 막. 대게 그런 식으로 투쟁을 했어요. 문정현 신부님 아시죠? 그 분이 적극적으로 와서 활동을 해주셨는데. 그 사람들이 경찰들이 말하면, 그 지휘자가 있잖아요. 그 밑에 전경들이 와서 학교를 때려 부수려고 하는데. 근데 교문을 잠그면 소용이 없잖아요. 문정현 신부님이 교문 잠근

거를 쇠사슬로 해 가지고 몸을 감고 그러면, 그 순경들이 보고 뭐라 그러냐면, 저 손목까지 끊어버리라고. 그렇게 막 할 수 없는 말 있잖아요. 말이 안 되는 거죠. 그런 설움들이 한두 가지가 아니죠, 뭐.

대추리와 평화마을로 오셨을 때의 차이점으로 무엇이 있나요?
송재국: 그 차이점이라는 건 대추리에 살았을 때와 이 마을에 와서 살았던 것이 여기는 이게 내가 지은 집이지만 낯설어 집이. 대추리에서는 다 쓰러져가는 집이었지만. 그렇게 살 때는 들어가면 온화하고 포근하고 집이… 근데 여기 와서 누워 있으면. 새로 지었으니까 깔끔하잖아요, 이게 내 집인가… 진짜 이게 내 집인가… 그런 생각이라는 게 차이점이. 그런 차이점이 있고.

또 우선 여기 새로 지었으니까. 통행 버스, 시내 나가는 버스가 처음엔 없었어. 이제 그것도 불편한 점이 많았고. 여러분들도 커 가면서 해보면 알지만, 사람이 내가 하는 일이 없으면, 돌아오는 수입은 당연히 없는 거 아니여. 여기 와서 살면서, 아무것도 할 수가 없는 거여. 그니깐 수입이 하나도 없으니깐 정말 이렇게 끝까지 이렇게 살다 죽나. 그런 걱정거리. 뭐 그래도 지금은 할래도 할 수가 없는 체력이 됐지만, 먹고 사는 데 큰 어려움은 없어요. 애들이 그래도 200만 원 보내주는 놈도 있고, 뭐 하는 애도 있으니까. 먹고 사는 건 편하게 먹고 사는데, 그런 것이 내가 해서 생기는 수입하고는 다른 거여.

전에 대추리에서 각 반마다 특색이나 하는 일이 정해져 있었나요?
송재국: 이 인원수가 가구 수가 148가구였어. 그러니까 이장 혼자 이렇게 전부 관리를 못하잖아요. 그러니깐 1반, 2반, 3반, 4반. 반마다 가구 수를 비슷하게 해 가지구. 거기다 반장을 넣어놓는 거야, 반장. 그러면 이장이 지시하면 반장이 이장이 해줄 거를 반장이 하는 거야. 별도로 하는 거. 그러고 대개 반장이 다녀. 그렇게 해서 그 사람들이 모여 가지고 군에 가서 신청을 해서, 길을 하나 공구리쳐서 하나 만들자 하는 세면(시멘트) 해 가지고, 그런 거 해서 따오고 그렇게 하는 거야. 1반, 2반, 3반, 4반은 그런 일을 하는 거여. 1, 2, 3, 4반이 경기만 하는 게 아

니고, 경기하면서도 1, 2, 3, 4반 중에 1등, 2등, 3등, 4등 매겨 가지고 상품도 주고 그랬지.

낚시도 즐겨 하시나요?
송재국: 낚시광이었어.

주로 어디 가서 하시나요?
송재국: 민물낚시도 하고 바다낚시도 하는데, 민물낚시는 뭐 호수고 이런 데를 알아서 찾아다니면서 차 있는 사람들과 같이 어울려서 다니고, 바다낚시는 안가 본 데가 없어 가봤어, 다. 잉어 알지? 잉어도 잡고 1미터가 넘는 거.

내가 원래 흥미가 담배를 피웠는데 끊은 지가 50년도 더 되고 술은 아예 한 모금도 못하고. 그런 취미생활을 좋아했어요. 그래서 이제 바다낚시하려면 돈이 좀 들어요. 그래도 집사람이 한마디도 안 해. 바다낚시가면 돈이 없어서 버스래도 타고 가. 그니깐 편하게 갈 수 있는 거지. 그렇지 않어? 바다낚시 가면은, 집에서 한 양념거리 많으니깐. 가서 매운탕 끓여먹을 거 다 싸서, 가서 같이 방 하나 얻어 가지고 낮에는 바다에 나와서 배타고 낚시하고 들어가서 저녁에는 끓여 먹고. 그렇게 낚시 3~4일 갔다 오면. 일할 때 이제 힘이 팍팍 솟는 거여. 그래서 며칠간 낚시 갔다 오면 더워서 못할 것도 힘들지도 않고 빨리 빨리 할 거 하고. 낚시 갔다 올 동안에는 집에서 할 수 있는 거 다 하고, 가고. 없어도 그렇게 상당히 명쾌하게 살았어 난.

저희에게 해주고 싶은 말씀 있으세요?
송재국: 내가 살아와보니깐, 우선 사람은 정도를 걸어야 한다는 것. 옳은 길을 걸어야 한다는 것. 두 번째는 상대편이 말을 잘못하더라도 이해를 하고 그 사람이 왜 이런 말을 했을까를 생각하고 얘기하는 건 나중에. 얘기를 해도 나중에. 왜 그렇게 했어야 했는가는 이해가 안 되니까. 그 말을 해줬으면 좋겠다. 그 사람은 이제 말하고 싶어서 그런 게 아니라 순간 나온 말인데, 내가 온화하게 대답을 해주

니까 나중에 어려워하고 그러더라고. 그렇게 하면 사회생활하는 데는 어렵지 않을 거야. 하여튼 이해는 꼭 해줄 줄 알아야 돼. 공부도 열심히 하시고, 어머니 아버지한테 아무래도 세대 차이가 있으니까 서운하게 들리는 것도 있지만 부모들은 항시 자신이 잘 되기 위해서 하는 말인데 듣기 싫은 달도 있어… 그런 것도 잘 좀 마음에 가져. 그리고 사회생활하면서도 아랫사람이 되건 윗사람이 되건 항시 존경심을 가지고 잘 했으면 좋겠어.

대추리에 대해서 청소년들이 기억해줬으면 하는 것이 있으신가요?
송재국: 대개는 정부와 큰 싸움을 하는 사람들은 없죠? 거의 없는데, 정부와의 트러블을 하고 보니까. 아직은 우리 사회가 정확하지는 못하다. 14년 동안 싸우면서 느꼈던 것이, 다 서운한 것만 있고, 회유하는 것만 오고, 그렇게 해 가지고 정부를 신임을 할 수가 없는 어려움 속에서 살았기 때문에, 여러분들도 이제 성장을 해서 좋은 자리 갖고 그카면 내가 옛날에 대추리 사람한테 그런 말을 들었노라. 내가 지금 이 위치에 앉아서 절대 누구를 얕보거나 해서는 안 될 것, 뭐 정도를 걷지 않고 자기 하고 싶은 대로 하는 거는 절대 안 해야 한다는 것만 기억하면 고맙겠습니다.

신종원(1963년생)**의
이야기를**

김혜래(2002년생)**와 김가람**(2002년생)**이
듣다.**

마을 이장님이 되신 이유와 어떻게 이장님이 되셨는지 말씀해주세요.
신종원: 우리 마을은 옛날부터 마을에서 이장님을 모시면, 다음 이장 볼 분이 그 밑에 가서 마을 일을 같이 하는 전통이 있어. 일을 몇 년 동안 좀 배우고 그 다음에 일을 하게끔 하는 전통이 '리 서기'라는 건데, 동네일을 기록하는 일을 해. 다른 동네 같으면 새마을 지도자들이 하는데 새마을 지도자는 마을 작업 같은 것의 반장을 하고, 리 서기는 그러한 마을 일을 기록하는 일만 하게 돼. 나도 그 때 마을에서 리 서기를 봤어.

또 내가 이장 자리를 할 적에는 전임 이장님이 대추리 싸움으로 인해서 구속이 된 상태였기 때문에 6, 7개월 정도의 공백기를 대신했어. 석방이 되신 이후에 마을에서 회의를 거쳐서 전 이장님이 그만두시고, 내가 바통을 받아 지금까지 이렇게 왔어. 한 10년 되는 것 같아. 내가 2007년도 2월 달부터 했으니 10년이 넘어가나? 다른 마을은 이장님을 뽑고 그럴 적에 막 경선도 해요. 내가 하겠다 어쨌다 이런 마을도 있는가 하면 우리 마을은 그런 거를 미리 마을에서 자율적으로 가르치고 (웃음) 그래서 자연스럽게 하게 되지.

대추리에서 이장님이 하는 특별한 일은 무엇인가요?
신종원: 이장님들이 농촌 마을을 총괄한다 하는데 그런 건 아니고, 대개 이장이라고 하는 사람이 마을에서도 어른이잖아? 그래서 옛날에는 이장님이라고 하면 주민들이 대접을 해줬어. 지금 젊은 사람들은 안 그렇지만. 그래서 내가 마을의 일, 문제 같은 거, 어려운 문제 같은 거를 해결해주고, 농촌 마을이니까 영농 활동을 하는 데 필요한 일들을 다 미리미리 준비해서 마을 사람들이 편하게끔 해. 예를 들어서 농자재 구입을 한다든지 뭐 이런 거 등등의 일정 같은 거를 미리 공유하는 것과 같이 하는 일이 상당히 많아.

다른 마을에 비해 우리 마을이 약간 달랐다고 하는 건, 우리 마을은 미군 기지 이전 사업으로 인해서 마을 안에서만 일을 하는 것이 아니고 폭 넓게 우리나라 전국을 돌아다니면서 마을의 이야기를 전달하는 그러한 일도 했었고, (웃음) 또 국제연대 차원에서 해외도 나가는 일들이 있어서 일을 좀 많이 한 것 같아.

(웃음) 자랑이야. (웃음)

    내가 이장이 될 때 마을에 있었던 두 가지 과제가 있었어. 정부와 협상을 하면서 김지태 전 이장님을 석방하는 과제가 하나 있었고. 그 다음에는, 우리가 마을에서 이주를 하면 그곳에 가서 사는 마을을 다시 대추리 마을로 복원하는 것을 정부와 협상을 하는 과제가 있었는데, 정부가 오케이 해준 거야. 그래서 이 마을을 자꾸 우리는 대추리 마을로 해달라고 요청을 하는 거고. 우리 주민과 정부와 합의를 한 내용이 문서로도 되어 있어. 근데 그게 아직 실행되지가 않아.

    어르신들이 농사만 지으셨던 분들인데, 이분들의 농사는 (창밖을 가리키며) 여기 보이는 게 전부야. 오면서 구입한 밭도 한 가구당 100평, 집 터 200평 이걸 가지고 사셔야 돼. 너무 어렵지. 그래서 주민들 일자리나 소득에 도움이 될 만한 마을 사업을 준비하고 있어. 이게 국가가 해야 될 일이거든? 국가는 국민들이 열심히 잘 살아가게끔 하는 역할을 해야 되는 건데, 그런 걸 안 하니까 마을에서 그런 일까지 책임지게 됐어. 하는 일이 너무 많아. 여기 오시는 분들 안내도 해야 되고….

대추리에서 대추초등학교는 특별한 거 같아요. 대추초등학교에 대해 이야기해 주세요.

신종원: 나는 대추초등학교 5회 졸업생이야. 내가 기억은 잘 안 나는데, 팽성읍에 계양이라는 곳에 계성초등학교가 있었고, 팽성에 팽성초등학교랑 부용초등학교가 있었는데, 우리는 계성초등학교를 다녔어. 내가 (대추초등학교) 5회 졸업생이니까 1학년을 계성초등학교로 다녔는지 어땠는지 모르는데, 학교에서 체육행사나 소풍을 가면 뭐 쫄랑쫄랑 따라가던 기억은 있어. 근데 이런 날(비 오는 날)은 학교도 못 갈 정도로 길이 없었어. 지금은 다 포장이 되었지만 옛날에는 비만 오면 길이 침수가 되고, 산길로 막 가고, 어려움이 있었어. 우리 때, 베이비붐 세대, 58년 개띠부터 63년, 65년 정도까지는 사람들이 많아. 우리가 140가구인데 남자 여자 합쳐서 내 동창들이 30명이 넘어. 아이들이 많아 가지고 학교 다니는데 너무 어려우니까, 어르신들이 대추리, 내리, 도두리 마을을 통합해서 가까운

곳에 초등학교를 만들기로 해서 대추초등학교가 만들어진 거야.

내가 장남이고 밑으로 남동생이야. 아까 ○○○ 씨가 나보다 한 살 밑이라 6회 졸업생이어서 거기는 계속 대추초등학교만 다닌 거고. 계성초등학교 학생들을 대추초등학교로 떼어온 거야. 요즘에는 학교를 지어놓고 학생들을 받잖아? 그런데 우리 때는 일단 학교를 두어 칸 세워놓고 여기는 1학년, 2학년, 이렇게 한 학년씩 교실을 지으면서 학교가 컸거든. 그래서 운동장도 제대로 가꿔지지 않았어.

그때 마을 어르신들 중에 미군 부대 다니시는 분이 계셨어. 그래서 부대에다 얘기를 해서 운동장을 다지는데 부대가 지원 나왔어. 요즘에는 땅을 미는 기계를 불도저라고 하는데 그 때는 땅차라고 했어. 그 기계로 운동장 평탄 작업도 해주고 이랬었는데. 거기가 밭이 있었고 조그마한 동산도 있었던 곳이어서 우리가 막 발로다 차고 다녔던 게 사람 뼈 (웃음) 같은 것도 있었어. 그때는 어리니까 몰랐어. 옛날에는 사람들이 많이 죽었잖아? 그러면 그냥 소리 소문 없이 갖다 주변에다가 매장을 했다고. 그랬는지 어쨌는지 같이 놀았던 친구들도 그런 얘기를 해. "우리 옛날에 차고 다니던 게 사람 해골이었지?" (웃음) 많았어! 그때 우리는 어렸어도 일을 많이 했어. 선생님들하고 같이 나무도 심고, 운동장 정리 작업도 하고, 비 오면 수로 작업도 했어. 그래야 우리가 다닐 수가 있잖아. 그러다보면 뼛조각들이 눈으로 보였어. 지금은 상상도 안 되는데 그때는 그랬어. 그때가 70년대였던 것 같아.

원 대추리에서 구 대추리로 이주할 때에 대해 들으신 이야기가 있나요?
신종원: 땅차 얘기, 무서운 얘기. 옆집에 민병대 씨 할아버지가 계시거든. 그 할아버지 동네 분들이, 6·25가 52년도 종전이 되고 (한국전쟁은 53년에 휴전) 그 이후에 미군이 여기 주둔하여 부대를 크게 확장하면서 주민들이 원 대추리에서 쫓겨나는 이야기를 해주시는데, 그때나 지금이나 마을에서 쫓겨나는 데는 내가 보기엔 똑같았던 것 같아. 그때는 다 농촌 마을이고 농업 위주였긴 했지만, 사실 배우거나 도시 생활을 할 수 있는 분들은 도시로 다 떠났어요. 그리고 집에서 가족들을 책임지고 사시는 분들이 농촌에서 사셨던 거고. 근데 교육이나 그런 것들

이 도시보다 낮았던 게 사실이었다고. 그래서 내가 못 받은 교육에 대한 한풀이를 자식에게 하는 세대가 우리 세대였거든.

근데 그 전 세대들, 우리 어머님, 아버지, 할아버지 세대, 그때 사셨던 분들이 일제 때도 한 번 쫓겨났다고 하더라고. 일본군이 비행장을 15만 평 만든다고 해서 거기에 사셨던 분들이 흩어져서 사셨던 건데, 또 이제 150만 평을 만든다고 해서 또 옆으로 다 흩어졌어. 내리로도 가고, 동탄으로도 가고, 안정리로도 가고, 대추리로도 많이 오셨는데, 그분들 중에 땅을 가지고 계셨던 분들에 대한 보상이 너무나 터무니없었다고 그래. 당시 채권을 발행했었더라고. 아저씨(민병대) 큰아들이 나하고 동갑인데 초등학교부터 대학교까지 같이 다녔어. 그 친구가 83년도인가 채권 한 장을 가져왔더라고.

채권이 뭐냐면, 나가라고 내쫓으면서 돈을 줘야 하는데 돈을 못 주니까 정부에서 나중에 보상을 해주겠다고 약속을 하는 그러한 문서야. '10년이나 20년 후에 이 금액을 너한테 정부가 줄 거다'라고 발행한 채무권리증이야. 30년 정도 된 채권인 거지. 큰아들하고 나하고 한국은행을 가서 환전을 했는데, 그때 당시에 5,200원인가 5,300원인가를 받았어. 그땐 몰랐어. 채권이라는 게 그런 채권인 줄은 몰랐어. 채권이 하나가 아니고 많이 있었겠지만, 그때 화폐 개혁이 있어서 환이 원으로 바뀌면서 평가절하가 됐지. 내가 천안으로 대학교를 다닐 적이었는데, 하루 용돈으로 2,000원을 받았었던 것 같아. 도시락은 싸 가지고 다녔으니 그 돈으로 교통비 하고 가끔 도시락 사 먹을 때도 있고. 많은 돈은 아니여.

지금도 TV 보면 가끔 사채장수들이 까만 봉투, 장지갑이랑 컴퓨터 가방 같은 거 많이 들고 다니잖아? 그런 것처럼 그때 그런 걸 가지고 다니면서 사람들이 뭘 사고 다녔는데, 그게 다 채권 장사였던 거야. '깡'한다고 하잖아. 디스카운트해서 산다고. 예를 들어서 10,000원의 값어치가 있는 거를 그 자리에서 팔면은 6,000원, 7,000원에 사 가는 거야. 그리고 이 사람들은 3,000원이나 4,000원에 대한 권리를 자기가 가지는 거지. 그런 걸 많이 가지고 있으면 돈이 되거든. 그때도 그런 걸 가지고 다니면서 사고 다니는 사람이 있었어. 우리 옆집에 세 들어서 채권을 그런 식으로 사들이는 사람들을 나도 많이 봤던 것 같아. '저 사람

은 동네 사람도 아닌데 왜 저기 살면서 저런 거를 들고 다니면서 집집이 찾아다 니나?' 우리 집에만 있었던 게 아니라 많이 있었으니까. 그 안에서 사시던 분들 이 쫓겨나서 이렇게 왔는데, 화폐나 현찰로 준 것도 있었는지는 모르지만 내가 본 건 채권이었어.

그 사람들 증언에 의하면 이사를 안 가면 무서운 땅차가 온대. 막 밀어버린 다는 거야. 흙을 퍼다가 집 밖을 못 나오게 한다는 거야. 조금만 더하면 우리는 죽는 건데, 이런 공포의식까지 느꼈대요. 그래서 밤에 몰래몰래 도망을 다녔다 는 거야. 할머니들이 "옛날에 쫓겨 나와봐서 아는데, 국가사업이라는 걸 진행을 하면 못 이겨. 너무 무서워서." 이런 얘기를 해주셨거든. 우리는 "그때와 지금은 다릅니다! 땅은 우리 꺼고. 법이 제도적으로 뒷받침해주기 때문에 우리 땅을 지 킬 수 있습니다!" 막 이런 얘기를 했었거든.

우리 할머니 할아버지는 일찍 돌아가셨어. 술을 너무 좋아하시고 (웃음) 고생 하시고 그러니까. 우리 아버님이 10살 때 할아버지가 돌아가셨거든. 막내 고모 랑 아버지가 10살 차이였는데, 막내 고모는 엄마 젖 먹을 때 아버지가 돌아가신 거지. 그렇게들 일찍일찍 돌아가셨어. 할머니도 가정을 책임지다 보니 힘든 일 을 많이 하니까 수명이 짧은 거지. 그러니까 나는 직접 그런 얘기를 못 들었지. 그런 말씀을 해주셨던 분들을 보니까 옛날에 대추리에서 땅도 가지고 있고 산도 가지고 있고, 조금 경제적인 여유도 있었고 그러셨던 분들인 것 같아.

이장님 가족이 대추리에서 살아오신 이야기를 들려주세요.
신종원: (지도를 보며) 지금 우리 집이 이 집이야. (미군 기지 바로 옆쪽의 집) 저기 역사관에 보면 내가 총각 때 슬라브 지붕 위에 올라가서 찍은 사진이 있는데, 가 시철망이 보이고 활주로가 보여. 미군이 들어와서 내가 어릴 적에 가시철망을 쳤어. 옛날에는 가시철망도 없었지. 군부대를 만드는 기간이었으니까. 그래서 이 길도(미군 기지 바깥쪽의 바로 옆길) 이 길보다 이 부대 안에 이 사람들 군사용으로 그 도로를 더 많이 썼어. 나 어릴 적에 우리 마을이 여기라 우리 집이 여기라 여 기 터가 길이랑 이어졌기 때문에 터가 되게 넓었어. 그니까 버스가 집 앞에 와서

돌려가고. 처음에 버스 들어올 때 막 마을잔치하고 그랬던 기억이 나거든. 그 전에는 이 안길로 다녔어. 사람들이 비 오면 안정리로 가서 안정리 버스를 타고 평택을 나가고 그랬거든. 근데 이쪽(미군 기지 쪽)에 보면 옛날에 활주로가 있었거든. 15만 평이라고 했는데 나도 몰랐어.

옛날에 기와집도 짓고 초가집도 짓고 했는데 주춧돌이 필요하잖아? 우리 집도 한옥이라 기둥을 세우는데 돌을 뻗쳐놓고 나무를 세워놨거든. 이렇게 두꺼운 돌들을 주춧돌로 쓰면서 집을 지었어. 그런데 이게 자연석이 아니야. 미군 부대에서 일제 때 비행장 활주로를 걷어내고 이 활주로를 다시 만드느냐고 부순 그런 걸 갖다가 주춧돌로 쓴 거고. 그리고 대추리 이 안에 사셨던 분들이 밤에 내 집 부숴진 데 가서 나무 같은 거를 날라다 지었다는 거야. 먼저 집의 잔해를 갖다가 옮겨서 새 집을 지은 게 많아. 그리고 주민들이 쫓겨날 때 기둥이랑 천막 몇 개씩 주고 나가라고 했다는 거야. 천막 같은 데서, 그렇게 추운 데서 사셨대요. 그러면서 왔다갔다하면서 땅차로 밀어서 부셔놓은 잔허들을 갖다가 집을 짓는데, 자재들이 없으니까 활주로 돌 깬 걸 갖다가 주춧돌로 썼던 것 같아. 근데 그 돌이 우리 집에도 있었어. 비 오면 흙이 질잖아. 그래서 기계를 세워놓으려고 판판한 돌을 찾아다가 놓다 보니까 그 돌을 썼던 거야. 그게 활주로 만들었던 콘크리트 조각인 거지. 하여튼 마을에 이주하면서 그런 것들이 마을에 집 짓는 건축자재로다가 다 사용되었다는 물증인 거지.

미군 부대 가시철망이 집이랑 거의 붙어 있기도 했어. 가시 철망이 마을의 경계에 있었고 길이 철망 안에 있었어. 이 집(철망에 붙어 있는 집) 같은 경우는 그때 뒤란에 장독대가 있었고 부엌에서 장독대를 갈려면 족문을 열고 나가야 했대. 어느 날 새벽에 족문을 딱 열었는데 까맣게 칠한 미군놈들이 총을 들고 앉아 있더래. 주민들에게 양해를 구하지도 않고 자기들 훈련을 한 거야. 그걸 보고 자지러진 일이 있었다고 할머니들이 얘기를 해주시는 거여.

이쪽에 논이 있었는데(지도를 가리키며), 내가 아침에 일찍 가느라고 오토바이를 타고 가다가 총 소리에 놀라서 넘어졌어. 부대가 높고 길이 이쪽에 있었는데, 이놈들이 훈련을 하느라고 논에다가 막 사격을 하는 거야. 새벽에. 옛날엔 그런 걸 사전에 통보도 안 해줬어. 그러니 그걸 보고 놀라서 나도 '아! 죽나 보다!' 하고 쫙 엎드렸던 기억이 있거든. 그런 일들이 되게 많아. 그리고 소를 키우는데 송아지가 계속 불임이 되는 거야. 이런 일이 비일비재해. 바로 옆에서 비행기 훈련한다고 계속 공회전을 해대지. 차량들 왔다갔다하지. 송아지들이 불임도 되고 일찍 죽고 이런 거를 소송도 하고 그랬는데, 피해자들이 증명을 해야 되는데 그게 안 되니까… 그런 게 상당히 많이 있었고.

투쟁 당시에 어떤 활동을 하셨나요?
신종원: 처음에는 미군부대 K6 캠프 험프리가 팽성에 있으니까, 이 팽성읍에 사는 71개의 마을에서 우리가 살고 있는 고향으로다가 미군 부대가 다시 확장 이전을 하는 이거를 좀 막아내야 되는 거가 아니냐라고 시작했지. 그때부터 팽성읍 전체가 다 함께 막아내자고 했어. 71개의 마을이 다함께 했어 이 싸움을. 그러다가 점차 점차 조직이 와해가 되고, '뭐 나랑 우리 집이 들어가는 게 아니고 내 땅이 들어가는 게 아니니까' 이렇게 생각하고, 싸움이 오래되어 가면서 사람들이 떨어져나가는 과정들이 생겼지.

나는 마을 조직을 중점적으로 했어. 일주일에 집을 한 3일 정도밖에 못 들어왔던 것 같아. 계속 밖으로 사람을 만나러 다니고 회의를 하러 다니고. 사실은 어려울 때 마을에 많이 있었어야 했는데 마을에 그렇게 많이 못 있었던 게… 연대단체들 만나서 조직을 하고, 마을에서 행사를 치르는 데 함께 해달라는 그런 일. 마을 안에서만 계시던 분들은 많이 답답했고, 특히 고립이 된 상황 이후에는 진짜 답답했지. 김지태 전 의장님이 구속된 이후부터는 더 바빴어. 밖에 나가랴, 마을 주민들 조직하랴.

71개 마을이 함께 투쟁을 시작하였다고 하셨는데 어떻게 진행이 되었나요?
신종원: 시작은 71개 마을이 하였지만 마지막에는 대추리만 남았지. 그 과정에 도두리도 마을이 없어졌어. 근데 내가 몹쓸 짓을 좀 많이 했어. 우리 마을을 좀 다잡느냐고. 음… 지금도 그래. 이 정부 사업에 국책사업에 국방 사업에 협의를

했느냐 안 했느냐 차등이 되는 게 있었어. 차별을 두었어. 예를 들어 2006년도 기억인 것 같아. 걔들이 특별법이라고 이 땅을 수용하기 위해 법을 가지고 왔는데, 주민과 정부와 협의 기간을 정했어, 자기네들이. 3월 31일, 이 안에 협의를 해야 한다. 이걸 가정마다 보내. 그럼 마을에서 거부해서 다 보내버렸는데. 그래도 안 되니까 6월 30일. 그런데 6월 30일, 협의자와 비협의자가 갈려. 많은 사람들이, 140가구가 협의를 해버려. 그때는 초등학교도 부서지고 협의한 사람들 이사 나가면 그 집도 부수고. 이렇게 막 파괴가 되니까 사람들이 '아, 이제는 마을에서 더 살 수 없나 보다!' 이래서 이주를 하는 계기가 되고.

    중요한 계기가 됐던 것이 생계 대책 얘기가 나와. 상업농지라는 상가형 농지, 그 권리증을 주는 거야. 8평 분양권을. 상가가 만들어지면 분양권을 줄 테니까 그걸 모아서 상가를 만들어서 장사를 하라는 이러한 취지인데. 하~ 농촌 사람이니까 거짓말을 어떻게 했냐면, 상가를 주니까 나와서 장사를 하면 벌어먹고 살 수 있지 않겠냐, 이렇게 설득을 한 거야. 사람들은 홀딱 넘어가요. 그런데 협의매수를 하는 사람은 8평을 주겠다고 특별법에 나와 있어. 법으로다 보장된 거라고. 근데 비협의를 하면 5평을 준다는 거야. 많은 사람들이 그 말에 8평에서 장사하는 게 돈을 더 벌겠지, 5평에 장사하는 것보다, 사람들이 그렇게 이해하고 넘어간 거지.

    마을이 부서지고, 학교가 부서지고, 마을의 구심점 역할을 했던 대추초등학교 막 부서지고. 이런 계기로 많은 사람들이 협의를 해서 마을을 떠나는 일이 생겼어. 그 당시에 도두리라는 마을이 우리와 함께 딱 두 마을이 있었는데 그 마을도 조건부로다가 다 협의를 해버려. 우리 주민들도 불안해지는 거야. 남으신 분들이 한 50여 가구가 남았는데 도두리 마을마저도 협의를 했어. 그런데 내색을 않고 마을로 와서 같이 계속 촛불행사를 하면서 슬슬 당신네들의 속내를 얘기를 하시는데 주민들이 막 혼동이 오는 거야. 그 사람들은 안전하게 합의를 하고 이 싸움을 하는 게 좋겠다는 이런 얘기를 하는데, 우리는 그게 불합리하다는 걸 계속 얘기를 하고 이렇게 싸움을 했거든. 근데 그게 주민들을 혼란스럽게 하고. 이래서 공개석상에서 도두리 마을분들 오시지 말라고 얘기를 했어요, 내가. 참 모진 일을 되게 많이 했지. 그분들은 지금도 나를 욕해. (웃음) 그분들도 답답한 거야. 이 일이 어떻게 되는지 그러한 내용을 듣기도 하고 함께 얘기도 하고 그래야 되는데, 못 들어서 답답하고 불안하고 그런 거야. 근데 나도 어쩔 수 없었어. 우리 마을을 지키기 위해서는 그러한 일을 했어. 협의매수 도장을 찍으신 분들은 오시지 말라고 공식적으로 요청을 했지.

우리 마을 주민들도 10월 말에 50가구의 한 20가구가 도장을 찍었더라고. 나도 몰래. '아! 이젠 (도두리 마을과) 같이는 갈 수 없겠구나.' 나중에는 우리 대추리 마을 주민들만 그렇게 남게 됐어. 사실 비참했어. 주민들이 마을에서 함께 한 140가구가 살았는데, 아침에 일어나 보면 이웃집 살던 사람들이 안 보여. 집은 다 부서져 있고. 이사 나갈 때는 말도 못하고 나가는 거야. 우리가 이 싸움을 할 적에는 젊은 사람들이 싸움을 하자고 해서 싸움을 하는 게 아니거든. 이런 상황인데 어떻게 했으면 좋겠느냐 처음도 그랬거든.

평택시민단체들이 2003년도에 연락이 왔어. 4월 달에 되게 바쁠 때, 고양이 손도 빌려서 일을 해야 한다고 하는 바쁜 때에 전화가 왔어. "대추리로 미군 기지 확장 이전을 한다는데 알고 계세요?" 주민을 모아놓고 방송을 해서 들어와 보시라고 하고 회의를 해요. 이런 상황인데 어떻게 했으면 좋겠느냐? 그래서 알려야 한다. 그래서 평택 시내로 나가서 우리는 주민들이 이렇게 이동을 했어. 무슨 일이 있을 때마다 주민들이 회의를 마치고 지금 이런 상황인데 주민들 의견을 듣겠다. 그럼 주민들은 마을을 지켜야 하는 게 우선이지. 소수의 의견들도 있는데 이런 분들은 쫓아다니면서 설득을 해. 정부가 이런 사업이 이런 거래. 마을에서 얘기하는 게 그런 게 아니래. 잘못된 게 있대. 상가 얘기부터 협의자 비협의자 차별을 두고 뭐 어쨌다 저쨌다 이러면서 사람들이 갈라지는 일들이 벌어져. 그래서 마을에서 회의를 거쳐서 마을을 지키자고 해놓고 도장을 찍고 이사 안 간다고 협의해놓고서, 나 이사 간다고 이런 말도 못하는 거야. 왜? 마을 전체가 마을을 지키자고 약속을 한 건데. 회의라는 게 그냥 의식이 아니고, 약속을 하는 거잖아. 회의라는 게 중요한 건 줄 몰랐던 분들도 상당히 많았던 거야. 이사를 나가는데 참 가슴 아픈 일이지.

거기다가 이사를 하면 이사비를 타서 가야 됐어. 많은 돈은 아니지만 1,000만 원인가 1,500만 원인가 위로금을 줬어, 정부에서. 그냥 이사를 나오면 돈을 안 줘. 당신네들이 평생 갈고 닦은 집을 부수고 나오라는 거야. 왜? 대추리 주민들과 함께 하는 사람들이 빈집이면 들어왔어. 대추리 지킴이라고 자청하는 사람들이 들어와서 주민들과 함께 살아주는 거야. 전기도 없고, 진짜 아무 것도 없는 집에서. 그러니까 정부에서 이게 꼴도 보기 싫으니까 부수고 나오래요. 평생 살던 집을. 이사를 나가는 사람들이 제정신에 나갔겠냐고? 자기 집이 쓰러져가는 한 칸이지만 그런 집들을 부수고 나가는 거야. 그렇게 사람들을 다 내쫓아낸 거야. 그래서 나중에는 한 50여 가구 그렇게 남게 되었던 거야.

아까도 얘기했잖아. 이 부대에서 쫓겨났을 때 밤새 날라서 추위에 만들어놓은 집들이었는데 그런 걸 부숴야 되니까 얼마나 비참해. 그런 것마저도 아~ 주민들을 이해를 시키고 설득을 시켰더라면 우리가 살아가는 데 아픔을 덜 겪을 텐데. 그런 부분들이 없었어. 그냥 자기네들이 정한 절차만 중요한 거지. 주민은 거추장스러운 장애물에 불과했지.

지금 마을에는 그때 협의하지 않으신 분들만 있는 거예요?
신종원: 대다수 그렇지. 거부를 계속 하셨으니. 지금도 아까 말한 상업농지가 안 나왔어. 10년이 지난 지금까지도. 정부 사업이 얼마나 잘못되어 있는지. 정부 사업이 잘못된 거는 이해가 돼. 그런데 국방 사업이라고 하는 거는 대단히 위험한 거거든. 시간이 굉장히 중요하지. 그러한 사업을 하면서 계획을 세웠던 것들이 10년이 됐는데도 약속이 안 지켜진다고 하는 게 얼마나 심각한 일인지.

2006년도에 집중적으로 주민들을 못살게 했을 당시에는 2008년까지 미군기지를 다 완공을 해서 미군한테 공여를 해야 한다 이런 발언을 했거든. 근데 아직까지도 공사 중이고, 2018년 내년까지는 다 될 거 같대. 10년이 지났는데, 국방 사업이 그동안에 그러면 진짜 있어서는 안 되는 전쟁이 난다던가 그러면 어떻겠느냐고? 이게 일반 집을 짓거나 이러한 사업이 아닌 국방 사업인데. 그런 사업도 이렇게 사업을 진행을 하면은 살아갈 미래들이… (웃음) 어휴! 너무 심각해지는 것 같아. 우리나라가 좀 그래.

 우리가 살던 땅은 국민을 먹여 살리기 위한 생명창고, 70년대 갯벌을 개간해서 만든 그러한 땅이야. 이러한 생산적인 일을 하던 땅이 전쟁을 하는 파괴를 하는 그러한 기지로 만들어진 거에 대한 울분이 있었어. 고향 땅을 내주는 것도 억울한데 미군 기지를 만들라는 게 이게 말이 되냐고, 이런 말씀을 많이 하시거든. 어르신들이 삶의 지혜가 있는데, 스스로 생각하고 더 좋은 나라를 만들기 위한 그러한 이야기도 많이 하셨어. 농촌에 살던 힘없는 사람들이 이런 얘기를 할 정도면 대단한 거거든. 또 그런 말씀들도 많이 해주셨고. 진짜 존경받아서 마땅하신 분들이야. (웃음) 그런 마음이 잘 모아 있었어. 2006년도 5월에 행정대집행을 해서 학교가 부서지고 마을이 부서지고, 그 이후로는 가시철망이 쳐져서 이제는 고향 마을에 진입을 할 수가 없어.

그 얘기 해주세요. 여명의 황새울.
신종원: 2006년도에 '행정절차로 다 내쫓을 거다' 이런 거를 계속 보내는데. 그 때 마지막 농사도 거의 짓지 마라, 농사지으면 법에 의해서 소유권은 국방부로 가져다놓은 상태고, 막 보상금도 타가고, 우린 거부를 해서 못하게 되어 있고, 이런 상황이었거든. 그런데 우리는 농사를 짓자 해서 3월 달부터 논에다가 볍씨를 뿌리고 다녔어. 직파를 한다고. 우리는 지금 모를 심지만 옛날에는 볍씨를 뿌렸대. 이게 농사의 기원이 그렇대. 무슨 풀에 있는 곡류를 따먹다가 그거를 받아다가 땅에다 놨는데 그게 이듬해 싹이 나는 거래. 이거를 받아다가 또 심어서 지어 먹고, 정착을 하고, 이렇게 농사가 된 건데, 진짜 종자를 뿌리면 파종이 돼.

 우리도 그거를 그렇게 300만 평의 땅에 한 절반 정도를 다 뿌렸어. 농민들 그리고 우리 농민단체들 경기도에 농민단체들이 와서 땅을 몇 십만 평씩 나눠주고, 여기 니들이 농사를 지어라 했고. 5월 4일에 집행을 한다고 하니까 2006년도 5월 3일 12시까지 계속 했지. 한 반 정도, 한 150만 평 정도 막 뿌리고 다녔지. 그리고 내일 온다니까 주민들이 막 준비를 해. 도로도 차단을 하고 들어올 곳을 사람들이 나눠서 길목마다 다 사람을 세우고 서로 소통을 하고 막 이렇게 지키는 거. 그렇게 밤새 지켰어. 그게 2006년도 5월 4일 날이야.

평택에서 팽성 넘어오는 다리 있잖아. 군문초등학교에 있는 데에서 이쪽 팽성으로 나오는 데 보면 다리가 있어. 그 폭이 넓게는 200m, 300m는 돼. 이쪽에 농토가 있기 때문에 마을에서 파종해놓은 논에 새벽에 물을 대느라고 오토바이를 타고 가는데 여기를 들어갈 수가 없었어. 우리가 평택 시내부터 나가서 도로를 사람들이 지켰거든. 어디에 있나 들어오나 안 들어오나. 여기 논에 갔던 사람들이 헐레벌떡 오는 거야. 새벽에 갔던 사람이 가보니까 여기 수천 명의 군인과 경찰들이 넘어온 거야.

물을 건너오는 거를 군 작전에서 도하훈련이라고 해요. 다리를 놓고 넘어오고 그러는데, 실전을 방불케 하는 훈련을 한 거야. 거기에 수천 명이 넘어와 있는 거야. 행정대집행 하느라고. 그 연락을 받고 육로로다가 밀고, 버스길을 다 차단해서 밀고 들어오고 그러면 초등학교로다가 다 몰려, 수밖에 명이. 인자 진짜 끝났구나 했지. 그때 군경이 들어왔던 인원수가 10,000명이 넘어. 다 몰아서 초등학교로다 다 몰았어. 토끼몰이 한다 그러잖아? 토끼를 잡으려면 토끼를 잡기 위한 좋은 곳으로 몰아넣잖아. 다 운동장에 있고, 촛불행사도 운동장에서 하고, 핵심 역할을 행사를 다 초등학교에서 했으니까. 들에서도 많이 했지만.

그런 일들이 밤에 이뤄진 거야 밤에. 진짜 공포스럽고, 막 그냥 별 소리가 다 나고 그랬었지. 그랬는데 서서히 해가 밝아지면서 이 서해안 쪽에서 헬기가 서서히 나타나는 거야. 옛날 영화에 <아벤고 공수군단>(1982)이라고 해서 전쟁영화가 있어. 월남전에 참전했던 비행기인데 그거 같았어. 수십 대 헬기가 가시철망을 싣고서 서해안 쪽에서 마을 쪽으로 오는데, 그걸 보는 순간에 막 자지러진 거야. '이제는 이제는 끝인가 보구나!' 근데 집행이 순식간에 일어나지. 그 넓은 땅을 다 파 재끼고, 그곳에다 가시철망을 치고, 순식간에 군인들이 그곳에 물을 다 채우고 수로를 파는 거야. 못 넘어 들어오게. 물을 넘어서 들어오다가 가시철망에 걸리면 못 나오거든. 사람이 빠지면 생명이 위험해. 곳 나오면 죽는 거거든, 물을 채워놨기 땜에. 그러한 일이 있고 나서부터는 진짜 검문을 당해야만이 마을에 들어올 수 있게 되었어.

미군들은 이 기지 안에서 망 안에서 그런 것을 보고 웃었지. 얼마 전에도 그런 것들이 많이 있었는데. 우리나라 경찰과 군인과 민간인들이 그러한 싸움을 하고 뭐를 하거나 걔네는 그거를 보고서 즐기잖아. 참 잔인하지만 그런 놈들은 진짜 그렇게 해.

토끼몰이 해서 학교에 들어갔던 수백 명이 나왔는데 걸어서 나오는 사람이 없었어. 학교가 폐교가 되어서 풍물을 연수하는 전수관을 만들었었거든. 여기 풍물 연수하는 친구가 그러는데 풍물소리가 되게 커서 학교 자체를 방음 시설로 만들었거든. 어지간히 치면 소리가 밖으로 안 들린대. 근데 하루 종일 비명소리가 막 끊이질 않는 거야. 그래서 애들을 다 잡아가는데 걸어서 나온 사람이 없었어. 역사관에도 사진이 있지만 다 그냥 걷지를 못했어. 다 끌려서 나오고, 들것에 실려 나오고, 피투성이가 되서 나오고, 거의 다 그랬어. 무지하게 맞았었지. 근데 또 때려, 안 나가면 이렇게 된다, 보여주려고. 그래서 그 이후로 주민들이 많이 떠나는 계기가 됐지.

힘든 일을 겪으셨군요. 그래도 다시 돌아가고 싶은 순간이 있나요?
신종원: 그럼. 미군이 이 땅에 주둔하는 게 뭐 우리나라를 지켜주기 위한, 북의 침략을 막아주기 위한 거라고 하지. 종전 이후에 주둔을 하고 있지만 평택으로 미군이 오는 거는 주둔군이 아니라 전투군으로 성격이 바뀌는 거야. 이게 증명이 된 게 이라크 파병을 한 거야. 우리나라의 그 미군은 우리나라만 지켜주는 게 아니라 동북아에서 자기네들이 세계평화유지군 역할을 한다는 자랑이야. 그거를 대단하게 생각하는 미군이 (웃음) 그러한 역할을 할 거라고. 우리도 계속 그랬어. 육군은 북한만 지키려면 휴전선만 지키면 돼. 이런 데서 진짜 미사일 갖다놓고 비행기 갖다놓고 안 이래도 되거든. 근데 이제 미군이 이렇게 바뀐다는 건 이제 우리나라를 지킨다는 건 큰 목적이 없다는 거지. 근데 나가서 그런 얘기를 하면 '아, 저 불순한 새끼들, 빨갱이 새끼들' 이렇게 다 인식했었거든. 근데 사람들이 다 이라크 파병을 하면 '어! 진짜네?' 해야 되잖아? 그런데 얼마나 미국을 좋아하면, '우리 군도 평화유지군으로 보내야 돼.' 이렇게 하거든. 다 똑같은 공범이야.

전쟁을 하는 데 가면 전쟁터에 사람을 죽이러 가는 거지, 평화유지군이 어딨어? 사람을 죽이는 데 우리도 파병을 하면, 어쨌거나 전쟁을 하는데 전쟁 물자로다가 이렇게 간 거야, 사람들. 국민들이 내켜야 되는 거거든, 못 가게 해야지, 미군이 이 땅에 나가면 안 되는 거지. 우리나라를 지켜주기 위해서 왔던 미군이라고 하면 우리나라에 있어야지 왜 덩달아서 우리나라 군까지 데리고 나가 전쟁에 참여를 하게 해? 이래야 되는 거거든. 이래야 맞는 거거든. 그런데 국민들은 우리나라 대한민국 군이 외국에 나가서 부서진 배에 가서 어린 아이들을 돌봐주고 뭐하고 이러는 게 평화를 지키는 일이래. 전쟁을 안 하는 게 평화지, 왜 부셔놓고 왜 살인을 해놓고 그런 일을 해? 안 되는 거거든. 나는 그렇다고 생각을 해.

아, 이 매향제를 드려서 이 미군이 우리나라를 떠나는 날이 올 거다. 어느 나라든 망해. 그리고 우리나라가 국력이 좋아지고 미군이 필요 없다고 하면 이 땅을 떠나겠지 않겠느냐, 떠날 때가 있을 거다 해서, 주민들이 그러한 염원을 담아서 이 땅에 다시 주한미군이 떠나는 날에 고향땅을 다시 되돌아오자고 해서 매향제라고, 그런 염원을 담은 것을 타임캡슐이라고 그러잖아. 그런 것들을 묻어 놓고 나오는데, 나 또한 지금은 진짜 너무 많이 이렇게 전쟁 위주로 많이 변해있어서 보기는 싫어. 내가 살던 곳이 그렇게 변한 거에 대해서 거부감이 있기 때문에 보기는 싫은데, 내가 지금도 연대활동을 하러 외부를 많이 나갔다 들어왔다 하다 늦게도 가고 그러다 하면 나도 모르게 어느새 대추리 가는 버스 길로다 내가 가고 있어. 옛날 집으로다가. 이런 게 여러 차례 있었거든.

이 고향이라는 게 그래. 잃어버리지 않은 사람은 알 수도 없고, 또 젊은 세대들은 다 아파트에서 태어나고 다 이렇게 움직이고 이래서 농촌의 공동체 이러한 정서를 모를 것 같아. 이런 거를 말로 해서 이해할 수 있는 것은 아니지만. 내가 태어난 곳이 어디고… 그래서 해외 나가 보면 애국자가 된다 그래. (웃음) 아, 우리나라 자랑스럽고 이런 것처럼 이 고향에 대한 그리움이 너무 커 사실은.

옛날에 TV에, 내가 TV를 되게 좋아하는데, KBS에서 TV문학관이라는 단편극 코너가 있었어. 거기에 볼 적에 어느 노인 분이 자전거 타고 계속 어디를 가. 가족들은 계속 그분 걱정을 하는 거야. 저게 무슨 내용일까 그랬는데 이 분이 수

몰민이야, 수몰민. 저수지를 만들어서 마을 전체가 없어진 거야. 고향이 그 저수지 속에 있는 거야. 그래서 계속 고향이 잘 보이는 곳에 가서 내 살던 집을 보고, 내 고향을 보고, 우리 마을을 쳐다보고 밤이면 오시는 거야. 이걸 몰랐어. 가족들이 아버지가 없어졌다고 아버지가 안 들어온다고 찾으러 다니고 뭐 내용이 그런 거야. '아, 왜 저러지? 저 분은 왜 저럴까?' 나도 그때 당시에 그거를 이해 못 했어. 근데 막상 이러고 나니까 그 단편극이 계속 생각이 나는 거야. 그분이, 그 노인 분이 자전거를 타고 진짜 먼 거리를 고향 땅을 보러 가는 게 이게 우리 심정이랑 똑같아. 고향은 그런 곳이야.

행정대집행 후에는 어떻게 지내셨어요?
신종원: 행정대집행을 2006년도 5월 4일날 하고, 우리가 마을을 나온 거는 2007년도 3월 말이야. 그 기간 동안에 마을에 살았지 계속. 그 와중에 사람이 들어오지 못하게 해놨는데도 사람들이 들어와. 수백 명 수천 명씩 계속. 기상천외해. 길을 만들어. 자기네들이. 절대 못 들어오거든? 간첩이 우리나라 넘어오듯 그런 길을 만들어놓고 사람들이 왔어. 논에서 모를 심기 위해서 논을 갈고 물을 놓고 평탄 작업을 해. 그러면 밖에서 안으로 기계를 끌고 이렇게 평판하게 가다 보면 나중에 요 가운데만 남아. 그러면 나중에 이렇게 보면 쥐가 지 새끼들을 논에서 살다가 벼알 같은 거 주워 먹고 살다가 점점 위험해지잖아. 사방이 물로 변하고 땅은 안 보이고 나중에는 도망을 가는데 새끼들이 졸졸졸졸 되게 많아. 그렇게들 마을에 들어왔어. 우리 마을은 그렇게 외부와 단절이 됐는데도.

평택대학교에서 주민 없는 주민 설명회를 한 적이 있어. 경찰과 사업을 하기 위한 관계자들이 모여서. 그리고 거기에 사진을 찍어야 되니까 노인 분들을, 이 사업과 전혀 상관없는 동원된 노인들을 데려다놓고 설명회를 하는 거야. 연락이 왔어 마을로. 그래서 "아니다, 이런 거 해서는 안 된다" 막 했어. 그러다가 연행자들이 생겨. 평택경찰서로다가 9명이 잡혀가. 그리고 그때 시민단체에서도 무지하게 많이 다쳤었거든. 젊을 때 학생운동했던 사람들이 그래서 막 대단했었지.

초등학교가 부서지는 것을 보고 마을에 1년 정도 더 사셨던 거네요?
신종원: 이게 무서웠던 게 요즘에 작년 촛불을 연말에 탄핵 촛불이 있었잖아? 근데 거기에서 많은 발언 중에 국민을 개돼지로 안다, 그런 발언을 했었지? 우리도 대추리로 들어가려면 많게는 7, 8번 검문을 당해야 들어갔어. 계속 검문을 해. 주민이라도 검문을 해. 신분증으로. 얼마나 비참해. 그런데 그 와중에 주민은 신분증 보면 들어가. 가족들 중에 그런 큰 일이 있으니까 궁금해서 찾아오기도 하지. 우리도 그랬어. 내 여동생은 들어왔는데, 매제랑 조카는 못 들어왔어. 걔들이 다 그런 거를 리스트를 작성을 해. 그래서 대추리에 살았던 적이 없는 사람은 들어 올 수 없는 거야. 여동생은 시집을 갔어도 대추리에 산 적이 있었잖아. 나중에는 학교도 있었고 마을도 오래된 역사가 있었으니까 대추리를 잘 아는 사람들이 궁금하잖아. 선생님도 오고, 대추초등학교에서 근무하던 분들도 오고. 이렇게 오면 검문소에서 거기 사람이 살고 있지 않다고 해. 우리가 살고 있었는데. 그래서 대추리 관련돼 있는 책에 『거기 사람이 살고 있었다』라는 책도 있어. 까만 표지의. 우리는 그럼 지금 얘기로 뭐냐, 쟤들이 얘기하는 개돼지인 거야. 개돼지처럼 살아온 거야.

　슬레이트 이런 게 발암물질이어서, 철거를 하고 그러견 방진복 입고 분진이 안 날리게 물 뿌리고 분진 하나 안 떨어지게 이렇게 하잖아. 시골에는 슬레이트 집이 많았어. 행정대집행 이후에 그냥 포크레인으로 다 깨부쉈어. 그런 부스러기들이 바람에 날리는 게 많았어.

　일부에서는 돈을 가진 사람이 보상금을 받으려고 일부 땅을 사 가지고 사람이 살지 않는 목조주택 같은 집들을 한 20여 채 이상 지어놨어. 그거는 애들이 협의를 해서 다 보상을 받아갔어. 일차적으로 다 부쉈어. 거기 단열재가 스티로폼이잖아. 집에 그런 거를 놓기도 하고. 목조주택은 선진국에는 천연 양모로 해. 우리나라 같은 경우 비용도 문제니까 대체해서 유리섬유로 단열재를 만들어. 그게 스티로폼 대용으로 쓰거든. 단열 잘 되라고. 근데 그거를 다 부숴놨는데, 대추리 공기가 해가 떠서 빛이 보이면 이 유리 가루가 날아다녀. 그리고 걸어다니면 피부에 유리 가루가 닿아서 피부가 새빨개져 있어. 피부로도 침투가 되고, 호

흡하는 데 호흡기로도 들어가고. 그런 데서 몇 개월을 살았던 거야.

많지, 50집. 이후에 나머지는 거의 다 부순 거지. 사람이 살던 집들을 가보면, 사람이 이사 가고 몇 개월만 지나도 사람의 기운이 없으면 그 집이 통풍도 안 되고 폐허가 돼. 몇 개월 안 되어도 냄새가 무지하게 지독해. 그런데 그런 집들을 그냥 포크레인으로 때려 부수어놓고 나면 그 더러운 냄새, 공기, 이런 것들이 말도 못해. 그냥 진짜 악취야 악취. 그런데 그냥 사람을 살게 했다고. 더러우면 나가라는 거지. 이게 불과 10년 전에 있었던 일이야. 지금은 또 많이 달라졌어. 우리 이후에 그러한 것들이 많이 바뀌었어. 좋은 세상을 만들어야 너희들이 좋은 나라에서 살지. 그렇게 바꿔왔기 때문에 우리나라가 지금까지 온 거야. 좋은 세상 만들라고.

일이 있기 전에 미군을 어떻게 생각하셨는지 궁금해요.
신종원: 우리 마을은 한 140가구 되고, 이쪽에는 옛날에서부터 농토가 있긴 있었어. 근데 우리 대다수의 농토는 70년대에 아산만에 바닷물이 들어오는 것을 막고 갯벌을 개간한 거야. 논으로 만들은 거지. 그래서 농토가 되게 넓었거든. 그리고 10여 년 염기를 제거하느냐고 농사도 안 되고, 되게 고생을 했지만, 이후에는 갯벌이라는 곳이 상당히 양분이 많은 땅이어서 농사가 무지하게 잘 되는 거야. 쌀이 너무 좋아. 쌀은 농사만 지어놓으면 그렇게 잘 팔릴 정도였어. 진짜 팽성에서는 대추리 쌀 땜에 다른 쌀도 잘 팔아먹을 정도였지. 그리고 미군 부대가 있어서 청소를 하건 뭐를 하건 일자리들이 있잖아. 그런 일을 하러 오신 분들도 우리 마을에 계셔. 송재국 씨랑 한만수 씨가 옛날에 경비원을 하셨어. 그런 일에 종사하는 분들이 이사를 와서 정착을 하신 분들도 많이 사셨고.

나도 태어나서부터 미군들이 천막치고 군 생활을 하는 걸 봐서, 그냥 우리 마을의 일부라고 생각을 한 거야. 저 미군이 나쁘다 이런 거를 알지도 못했어. 그래서 이 문제가 터지고 쪼금 시간이 지나니까 미군 부대 다니던 사람들이, 미군은 내가 돈 벌어먹는 직장인데 왜 나쁘다고 욕을 해? 이렇게 사람들이 찬반으로 갈라지는 거야. 대다수는 그렇게 살았어. 나중에 또 그런 문제들도 많이 있었지.

아마 옛날 자료를 좀 검색을 해보면 미군들이 민간인들과 싸움으로 인해서 진짜 사람 대우 안 하는 그런 살인 행위나 무슨 불미스러운 일, 진짜 심각한 일도 있었지. 여기 안정리는 미군 정문에 있기 때문에 미군들 상대로다가 장사를 하는 것이 상당히 많았거든. 이 사람들도 다 미군들만 보고 사는 거야. 내 수입원이 미군이야. 그런 사람들은 우리가 나쁜 거야. 왜? 우리가 마을을 지키겠다고 하고 문화제를 하고 뭐를 하잖아? 미군이 안 나와서 장사가 안 되는 거야. 실질적으로 자기 소득이 안 늘어나니까. 주변의 환경들이 미군 문제 싸움에서 목소리가 달라져서 양분이 돼.

내가 대학 다니던 90년대에는 지금처럼 평택 시내 나가면 밤새도록 놀 수 있는 곳이 없었어. 미군들이 사놓은 클럽이나 그런 거는 특혜를 줘. 미군들은 밤새도록 놀아도 돼. 그러면 어디서 놀아? 다 문 닫는데? 미군 전용 클럽에 가서 노는 거야. 그러면 젊은 친구들이 밤새도록 놀려고 미군들 이용하는 클럽을 갔어. 술 먹고 싸움도 빈번하고 클럽에 종사하는 여성들도 같아. 근데 미군들이랑 친하게 지내고 무슨 나쁜 일들도 좀 많이 벌어지고 그러던 한국에 있는 젊은 사람들이 보기에는 너무 더러운 거야. 그럼 막 가서 싸우고, 술 먹었으니까. 서로가 막 그런 일들도 많이 있고. 그러면 한국 사람들은 벌을 받고 미군들은 벌을 안 받아. 소파(SOFA)협정이 많이 좋아져서 그렇지, 그땐 안중리만 가도 미군놈들은 차 번호판도 안 달고 다녔어. 사고 나도 그냥 도망가면 그만이었다고. 지금은 제도적으로 이런 사고들을 막기 위해서 많이 좋아진 거지.

『대추리 아이들』이라는 소설책을 봤는데 대추리 아이들이 학교에서 다른 지역 아이들에게 무시 당하는 장면이 있었어요. 그런 일이 실제로도 있었나요?
신종원: 있었겠지. 얘기들이 많았어, 빨갱이라고. 우리 사회 얘긴데, 사람들이 무슨 저러한 주장을 하면 그러한 여론을 가라앉히고 없었던 것처럼 해내기 위한 가장 대표적인 게 간첩 사건이나 빨갱이로 모는 거야.

우리나라는 종전국가가 아니라 휴전국가잖아. 휴전선이 그어져 있잖아. 그래서 빨갱이 하면 어른들은 전쟁을 경험하신 분들이거든. 그래서 나쁜 거야. 나쁜 게 아니라 형제들인데. 형제들은 싸우면서 크잖아. 집에서도 형제들은 싸우잖아. 근데 생각이 틀렸던 거고. 사람들이 주장하는 게 옳은 주장이어도 그러한 주장을 매도하기 위해서 사회에서는 사람들이 그거를 공감하기 이전에 '저 속에는 불순한 세력에 의해서 저 사람들이 물이 들어가서 저런 말을 한다', '저런 주장을 한다', '멀쩡한 사람을 간첩에 접선을 해서 정신을 세뇌당한 사람이 선동을 한다', 이렇게 해서 사람들을 분리를 하고 그거를 매도시켰던 일들이 너무 많아.

여기도 그랬어. 우리가 다 빨갱이래. 다 그랬어. 사람들이 그 안에 그러한 불순한 사람들이 되게 많이 들어와서 주민들을 세뇌를 시킨다고 그랬어. 그러니 애들일 적에는 진짜 친구들끼리 싸우면서도 사소한 거 가지고 친구들을 그렇게 따돌림을 많이 했잖아. 상당히 심했지 그런 것들이.

그런데 요즘에 와서 그런 생각을 많이 해봤어. 왼쪽 어깨에 염증이 생겨서 아프다고 조금 덜 쓰고 그랬더니 굳고 잘 안 움직여지고 그러더라고. 주로 사용하는 손이 보조해주는 손이 가만히 있으니까 '지가 뭘 했다고 아프고 그래' 이랬었거든. 근데 얼마 전에 농사일을 하다 보니까 두 손을 같이 써야 될 때가 있더라구. 오른손을 잘 쓰기 위해서는 왼손이 보조 역할을 계속 해주는 거야. 오른손은 주 일을 하고 왼손은 잡일을 다 해줘. 그러니까는 얘는 안정적으로 쓰고 얘는 힘 안 들어가는 허접한 일을 계속 하다보니까 무리가 더 가는 거더라고. 아, 그랬었겠구나! 이게 TV에 나오는 주연과 조연의 역할이겠지. 옛날에 수확을 할 적에 보면 벼가마 40kg짜리를 계속 수확을 하고 가져와서 건조를 해서 말리고 정미소에 갖다 놓고 또 방아를 찧고 막 이렇게 했었거든. 하루에 가을에 여기에다가 벼가마를 지고 다니는 거를 따져 보니까, 하루에 한 10톤, 11톤 들고 다녔어. 대개들 이렇게 일을 한 겨. 다치면은 내가 오른쪽을 더 많이 다쳐야지, 허리도 그랬는데, 저 놈 별로 한 것도 없는데 그랬었어. (웃음)

내가 마을에서 마을 사업하면서 그 공동체 내가 얘기했었잖아. 사람이 혼자는 살 수가 없어. FTA 이런 얘기들도 듣겠지만, 그걸 신자유주의라고 하는데, 그거는 잘 사는 나라가 더 잘 살려고 경쟁을 하자라는 거거든. 선진국이 지금 다 누리고 있어. 못 사는 나라들을 더 뺏을라고 일자리 더 많이 가져가려고 자기들이 만들어놓고, 그런 조약을 만들어 못 사는 사람들이 더 못 살게 된 그런 구조거든. 이제는 선진국들도 알아. 이 신자유주의가 세계를 좀먹게 하는구나, 이대로는 올바로 못 가겠구나, 자기들도 알아. 근데 그런 거를 해놓고 나서는 되돌아가기에는 너무 그 세월 동안에 국민들이 그것에 익숙해져버린 거야. 뒤로 돌아가자 하면 그 지도자는 정치 생명이 끝이 나. 그런 구조는 우리나라도 마찬가지거든.

내가 20대 때 농사를 지었을 때와 지금을 비교해보면, 더 많이 일을 하고 더 많은 면적의 일을 하는데, 소득은 30년대 수준밖에 안 돼. 지금 이게 FTA 이후에 농업이 피폐화된 결과물이거든. 그런데 소중한 건 그거야. 그런 말이 있어. 빨리 갈 놈은 달리기를 해서 혼자 가래. 근데 혼자 가 보면 아무도 없어. 이 사람이 오래 살까? 못 살 것 같아. 함께 살아야 돼. 멀리 갈려면 함께 가래. 여럿이 의논하면서 한 목표를 가지고 같이 가면 좋은 세상을 만들어지는 거거든.

나는 또 상처받고 대못 박는 이런 말들은 이 일을 하면서 너무 많이 했어. 너무 많이 아프게 사람들한테. 죄송스럽기도 하고 지금은 그러한 것이 다 치유되어야 하는데 그런 거를 할 수 있는 그러한 시간과 공간과 이러한 것이 없네. 세월이 그렇게 지나가면… 그래서 지금도 다니면 우리 마을에 사는 사람들이 아닌, 저런 데 뿔뿔이 흩어져 사는 대추리 100세대가 돼. 도두리 한 70여 세대 사람들이 돼. 주변 마을에 있던 사람들이 내가 그렇게 한 거를 욕을 해. 가끔 친한 형들이 만나서 친목도모 하고 그러면 서운하다는 소리들을 지금도 하더라, 전화로 해서 그런 소리를 들어. 그래서 나는 오래 살 것 같아. 한 백서른다섯까지는. (웃음)

짧은 기간에 대추리에 대해서 알아가고 공감하기는 너무 어려워. 우리는 이거를 수년간에 겪은 이야기잖아. 별 일들이 다 있었어. 행정대집행할 적에 집에 못 들어갔어. 혼자 사는 아줌마네 집에 숨어서 잤어, 잡혀갈까봐. 타겟(목표물)을 정해. 이런 집행을 하면, 왜, 마을에서 지도자 역할을 하는 사람을 잡아가야 주민들이 우왕좌왕을 하잖아. 외부에 조직들과 연결고리를 끊어야 하잖아. 그러면 사람들이 숨으라 그래.

애들이 사춘기 때에 아버지 역할을 제대로 못 해준 그런 아빠야. 그래서 '아, 내가 이제 그런 것도 못 해줬는데' 하는 아쉬움이 커. 부모들은 그렇다. 너희들은 모르겠지만. 그 사춘기는 막 화내고 막 이러잖아. 당연히 그럴 수밖에 없어. 몸이 그래서 당연한 건데 우리 애들은 그런 거를 받아줄 수 있는 엄마는 있었어도 아빠는 없었어. 아이 참 잘해줘야지, 하는 게 금방 지나간 거야. 한 10년이 지나가고 애들이 다 컸어. 아빠가 이렇게 얘기하자고 어디 가자고 해도 친구들이랑 논대. 친구들이랑 간대. 옛날엔 어디 가자 그랬는데 이런 거야. 얌마. 니들도 엄마 아버지가, 엄마 아버지들은 그래 내 새끼들이랑 좋은 추억이나 이러한 것들을 같이 하고 싶은데, 애들이 사춘기만 넘으면 친구가 중하지 엄마 아빠는 뒷전이야. 어디 놀러가자 그래도 안 가. 얼마나 상처 받는 줄 아니? 너희들 진짜 그래, 같이 하고 싶고. 엄마 아버지가 열 번 같이 놀러가자고 하면 열 번 중에 한 번은 엄마 아빠 얘기하는 거를 들어드려.

마지막으로 하고 싶은 이야기가 있으신가요?
신종원: 우리 마을에도 마을 사업을 한다고 해서 죽백초등학교랑 같이 마을 사업을 하는데, 엄마들이 우리 클 때와 많이 달라졌거든. 지금도 마을 사업을 하는데 일부 학교에서는 대추리 주민이라 그래서 꺼리는 학교도 많아… 그거는 지나간 역사거든. 그런 일이 재발하지 않아야 되고. 그거를 알고 더 좋은 사회를 만들기 위해서는 그 사람들 이야기 듣는 것도 나쁜 게 아니거든. 근데 사람들은 그런 시간도 없어. 아 대추리? 아니야 거기 갔다 오면 학부모님들이 싫어할 거야. 안 보내. 그래서 죽백 같은 데는, 다 그렇지는 않지만, 일부는 또 그런 부모님들도 계실 거야. 근데 부모님들이 생각을 어떻게 하느냐에 따라서 학생들한테 자식들한테 상당히 열어놓고 볼 수 있는 그러한 혜안을 준다 혜택을 준다라고 할 수 있지 내가 보기에는…

농촌을 많이 알았으면 좋겠어. 내가 이런 사업을 하다 보니까 그런 사례들을 많이 봐. 사건사고가 많이 일어나는 학교에서 학부모들은 공부 위주로 생각하는데 교장 선생님은 학교가 이래서는 안 되겠다 해서 주변에 있는 농촌 마을이랑 같이 체험학습을 계속 갔대. 흙을 만지게 하고, 씨앗을 심기 하고, 풀을 뽑게 하고. 이거는 혼자 하는 일이 아니잖아. 친구들과 같이 하는 일이잖아. 싸움이 멈춰지고 자기가 못하는 일을 친구와 같이 일을 하면서 수확을 하는 가을이 되었는데, 애들이 다 바뀌었다는 거야. 애들이 커가는 시기에 정서적으로 성장할 수 있는 좋은 교실이 농촌이잖아. 그냥 딸랑 가서 감자 캐기, 초등학교 유치원 때 이런 체험을 하는 게 아니잖아. 감성이 많이 풍부하게 형성이 될 시기인 애들이 그런 거를 할 수 있는 곳이 없어. 도시에는 학교에서 그렇게 준비를 해서 하는 학교도 있지만…

많이 놀러오고 너희들도 이게 일회성으로 끝날 게 아니라 두고두고 만나면 너희들이 이 다음에 사회생활 하면서도 이러한 길을 간다 하면 좋은 과정이 될 수도 있어. 그런 친구들이 많아. 대안학교 학생들도 많이 오거든. 대안학교 다니는 친구들이 와서 같이 몇 시간 이야기를 해보면 자기네들이 1~2년 동안 농촌에 들어가서 농사를 지어보고 뭐하고 그 주변 마을에서 하는 일들을 보고 그러잖아? 그럼 벌써 자신의 장기적인 미래에 대한 계획을 다 짜놨어. 어떤 거를 할 거라고 무슨 일을 할 거라고. 농사짓는다는 것뿐만이 아니라 지금 관행적으로 농사짓는 거에서 어르신들이 불편해 하는 그런 내용들을 자기가 개척하겠다 이렇게 제안까지, 대단해. 농대 나와서도 아마 그런 거를 못 찾을 거야. 그런 거를 몸소 갖는다는 게 대단하더라고. 아무튼 너희들도 이 과정을 소중하게 생각하면 좋겠어. (웃음)

심정섭(1942년생)의
이야기를

김성용(2004년생)이
듣다.

전성기 시절의 얘기를 해주세요.
심정섭: 초등학교 다닐 때가 전성기지. 거기는 워낙 평택이 멀어서 한 10키로 돼요. 대추리에서부터 매일 걸어다녔어. 그때 당시는 보릿고개라서 힘드니까 배가 고팠어. 근데 도시락에는 보리쌀을 많이 섞어서 가져가고, 쌀은 별로 없고, 반찬은 고추장뿐이니까 배가 고프지. 남의 오이밭이나, 참외밭. 가을되면 고구마. 그 시기 지나고 나면 배추속을 뜯어먹은 거여. 그러고 집에 오는 거여. 그 시절이 사람 사는 게 힘들었던 거지. 대신에 그러고 나서 1978년일 거야. 박정희 대통령이 아산만을 막고 농토가 늘어난 거 아냐. 그때서부턴 생활력이 나아진 거지.

아산만을 막고 농토가 늘어난 과정을 자세히 이야기해주세요.
심정섭: 박 대통령이 아산만 방조제를 막았어. 근데 누구도 생각을 못했던 일 아녀? 엄청난 큰 돌을 집어 박았어. 그걸 막고 나니깐 우리나라 평택, 화성에서 물을 맘대로 사용하는 거지. 그러니 농사가 잘 되니깐 수확이 워낙 많아. 쌀이 풍부하니깐 잘 먹었지. 우리나라 보릿고개 없어진 것이 그 당시여. 보릿고개 하면은 모르겠지만, 쌀밥은 요만큼에 보리가 70%고 밀기울(밀을 빻아 체로 쳐서 남은 찌꺼기), 밀기울을 모를 거야. 이게 뭐냐면 밀을 빻으면 밀가루가 나오고 기울이 나오는 거거든. 기울도 버리지 않고 먹었어.

밥 할 때 같이 넣어서요?
심정섭: 그렇지. 밥이 떨걱거리지. 지금 그걸 누가 먹어? 그거 못 먹는 거여. 지금 동물사료도 얼마나 잘 나와. 그 당시에 그렇게 살았던 겨. 그리고 그 후로다가 우리나라 점점 발전한 거지. 그러면서 그때 당시에 밥먹고 잘 살았는데 미군 부대로 또 들어간 거야. 미군 부대로 들어간 게 대추리는 세 번째여. 일제 때 쬐그만 했다고. 철망 깔아 가지고 프로펠라 하나짜리 비행기가 앉았던 곳이거든. 그런데 6·25가 나면서 이북에서 공산당들이 내려온 거야. 그러면서 유엔군이 들어올라와 가지고. 그러면서 1953년도일 거야. 옛날 대추리는 워낙 야산이고 밭이여…그냥 일구면 밭이고 그렇게 좋았던 데라고. 그냥 도우저로 밀어서 콘크리트

부어서 활주로 만드는 거여. 그 어마어마한 거를 미군 애들이 했어. 그때는 전시니까 니 꺼 내 꺼가 어딨어. 밀어붙이면 끝나지. 안 나가면 흙으로 둘러싸버리는 거야. 밭이고 야산이고 밀어버리고 공구리하면(콘크리트를 부으면) 비행장이 되는 거여. 전시에 보상이 어디 있어? 없어. 옛날에 무슨 보상이여. 지금이야 세상이 좋아졌으니께 보상 소리가 나오는 거지.

    나라도 돈이 없어서 못 움직이는데 무슨 보상이야? 그러니까 거기(구 대추리)로 간 거지. 가을이야 음력 8월 15일. 추석 명절에 밀어제끼니까 명절이고 뭐고 어디 있어 쫓겨나야지. 제대로 뭐도 못 가지고 천막치고 겨울을 난 거지. 그래서 봄서부터 집을 짓는데, 이게 그때같이 단합이 잘 된 거는 첨이여. 그때 재목(나무) 살 돈이 어딨어. 흙을 이기는 겨. 이겨 가지고 벽돌을 박아서 마르면 집을 짓는 건데 하루에 두 집씩 지었어.

집을 두 개씩이요?
심정섭: 응, 워낙 인원이 많으니까. 대추리 인원이 많으니까 '이 집 짓는다' 그러면 주민을 반 갈러. 하루에 두 채씩 세워진 거여. 저녁 때면 연기가 나와요. 방 말리느라고. 그래서 그렇게 살았던 것이 이제 살기가 좋아지니까 다시 헐고 다시 지은 거지. 대추리가 거기서 편안히 살 줄 알았는데 또 쫓겨난 거여. 우리가 11살 적에 국민학교 4학년이었거든. 그래서 우리는 생생히 다 알아요. 제대로 사니까 그게 이리 또 그려? 김대중하고 노무현이가 미국하고 계약이 된 게 아니여. 7조가 들어가네 마네. 전국에 있는 미군 부대가 다 모인다고 하더만. 그런데 어떻게 7조가 뭐야, 수십 조가 넘게 들어갔다며?

    우리는 살면서 온갖 고생을 다 겪어봤어. 학교 다니면서 그 모진 고생을 하면서도, 이거 이거 흙 지게로 둑 쌓는 거 하루 일하면 돈이 생겨서 밥을 먹고 사는 거 아니여. 야 그게 쉬운 얘기가 아니야. 흙덩어리 져봤나? 그걸 우리 또래 사람들이 다 한 사람들이야. 기가 막힌 일이야. 그렇게 살았어.

    근데 그렇게 평화롭게 사는 줄 알았는데 미군 부대가 비행장 넓힌다고 또 쫓겨났는데 그게 한심하더만. 이게 한 번도 아니고, 또 그러니 기가 막힌거지. 그래서 대추리에서 또 쫓겨났지만 참 한심스러운 겨. 잠시 포유빌라(임시 이주 단지)로 와서 한 7년 살았지. 거기서 또 내 집 짓고 산다고 해서 이리 온 거 아니여. 근데 아직 마을 이름도 없어. 말로만 대추리지, 대추리 아니여. 지금 노인정도 평화마을 노인정으로 되어 있지, 없어지는 동네 이름을 어떻게 해주냐고. 그거 땜에 한참을 떠들었어 그거 때문에.

구 대추리에서 어린 시절 추억이 있나요?

심정섭: 자랐으니께. 초등학교적. 그때는 국민학교라고 그랬어. 국민학교 다 마치고 친구들하고 놀았어. 그때는 뭐가 없으니까, 공찬다고 하면 새끼 꽈서 둥그렇게 만들어 감아 가지고. 이 초등학교 운동장이 없으니까, 비행장까지 가서 거기 가서 찬 거지. 그때는 미군 부대 출입이 가능했어.

농번기 때는 바쁘셨죠?

심정섭: 그렇지. 왜 그러냐면 농번기에는 일을 해야 밥을 먹기 때문에. 여럿이 어울렸어. 혼자는 아니고 그때는 어울렸어, 10명, 20명 정도. 어울려서 품앗이로 일을 했지. 지금처럼 그렇게 안 했어. 혼자는 할 수도 없는 거고. 배고프면 막걸리 한 잔씩 하고.

그때는 막걸리도 직접 집에서 담으신 건가요?

심정섭: 처음에는 담궜었는데 이제 귀찮으니까 양조장에서 배달해주는 거지. 객사리, 팽성읍사무소 옆 객사에 양조장이 있었지. 객사가 뭐냐면 아산이나 이쪽에서 와 가지고 과거 보러가는 사람들이 쉬었다 가는 데가 객사거든. 객사가 양조장이 된 거지. 최근에 복원이 된거야.

투쟁 전에 미군에 대해서 어떻게 생각하셨어요?

심정섭: 난 뭘 주장하는 사람이냐면, 여기서 나가라고 하잖아? 그러면 여기만큼 부지를 바꿔주고 가라고 해야 해. 난 그걸 원해. 근데 무조건 내쫓으면 어디로 가

라는 겨. 그러니까 흩어진 거 아니야. 이거는 난 원래가 원치 않은 거야. 애당초 같이가서 같이 살 수 있는 방법을 찾아달라고 했지. 이게 잘못된 거지. 4개 반에서 1개 반 하나 온 거야, 여기.

대추리에서 쫓겨날 때 얘기를 더 자세하게 해주세요.
심정섭: 2003년도에 일부는 뭐 빨리 나가야 된다, 일부는 쫓겨날 때 어디든 그런 겨 아녀. 이주 단지 정해달라고 그런 게 아니고. 근데 그때 당시에 그게 부락간에 갈등이지. 그때부터 갈등이 생긴 겨. 나갈 사람하고 안 나갈 사람하고 갈등이 생긴 거지. 정부에서 그걸 바란 거야. 갈등을 해서 서로 헤어지게 할라고 그걸 만든 거라고. 근데 그걸 참고 산 사람들은 여기까지 오셨고, 못 참은 사람들은 먼저 나갔지. 나가서 산 사람들은 내가 보기엔 제대로 살지 못할 겨. 왜냐면 거기 가서는 외톨박인데 잘 살 수 있겠어? 그러니깐 사람이라는 거는 뭉쳐야 되는 겨. 단합하고 서로 협조하고 돕고 살아야지. 그게 더불어 사는 세상이라는게 그런 거여. 지금 제일 원하는 것은 부락을 이루는 거 그것이 문제인데, 그것이 해결이 잘 되느냐가 달려 있는거지.

주변 마을에서 호응을 안 해요?
심정섭: 왜 안 하냐. 그게 이유가 있지. 별안간에 이주한 사람들이, 저 사람들은 정부에서 집까지 다 지어줘서 잘산다고 들은 겨. 그러니까 전부 우리가 산지는 모르고 내 돈으로 한 건지 모르고, 전부 정부에서 해준 줄 알고 생각하는 거지.

현 대추리 주변 살던 사람들이 보기엔 또 외지인이라고…
심정섭: 그렇지. 그러니까 부락민이 안 되는 게 뭐냐면 여기 와서 살려면 노와5리지 왜 대추리냐고. 그게 일리가 있는 소리라고. 근데 정부에서는 대추리라고 해준다고 약속을 했거든. 그러니까 우리는 그걸 바랄 수밖에 없는 거 아녀. 그러니까 우리나라 행정은 뱉기만 하고, 공무원들이 나몰라라 하고 나자빠지는 겨. 그게 우리나라 현실 아녀. 그래서 그것도 힘든겨.

미군 기지 확장에 찬성했던 분과는 어떻게 지내셨나요?
심정섭: 아까 얘기했잖아. 그때 나간 사람들도 빨리 (보상을) 받아가지고 나가야 되거든. 그 사람들은 좋다고 하는 거지. 왜? 뭐가 좋은지는 모르지. 우리도 그 속도 모르는 겨. 우리가 그 사람들 속을 어떻게 알아. 근데 우리도 나가는 사람들도 빨리 나갔으면 좋겠다 했어. 왜 방해만 돼. 그리고 우리는 정부 상대로 협상해서 하는 거지만 그 사람들은 일방적으로 나간 거거든.

그 사람들하고는 만나세요? 어떠세요?
심정섭: 만나긴 만나지. 그런데 이제 서먹서먹하지. 왜냐면 그때 나갈 때 서로 막말까지 했던 거거든. 감정적인 거는 있지. 같이 살았으니까, 맘으로 겉으로는 웃지만 속으로는 별로지. 그럴 수밖에 없잖아.

대추리 자랑해주세요.
심정섭: 대추리 자랑은… 보면 알잖아. (웃음) 자랑은 옛날부터 단합은 잘 되고 대추리부터 농악을 보전해왔던 거여. 농사를 지으면서도 두들기면서. 전통이지. 그리고 지금도 이걸 보전하기 위해서 이게 이 달 지나면 또 시작할 겨. 금요일날 하루 배우는 날. 배우고 싶은 사람은 오라는 얘기야.

계속 이어 나가시는 건가요?
심정섭: 응. 이어나가기 위해서 금요일마다 8시쯤 모여서 두어 시간. 거기서도 강사님이 와서 가르쳤어. (웃음) 8월부터 다시 시작할거야.
그리고 워낙 대추리라는 데가 옛날부터 뭘 하려고 하면 반대하는 사람도 많지만, 배울라고 하기 때문에 안 따라올 수가 없어. 따라오지. 좋은 일인데. 처음에는 어쩌구 저쩌구 해도 좋은 일을 하는 거니까 따라오지.

대추리를 마지막까지 지키는 이유가 뭔가요?
심정섭: 제대로. 내 주장은 여기에서 이걸해서 옮겨가는 걸 할 때, 여기에는 지금

쫓겨나면서 논을 평당 15만 원씩 줬다구. 근데 이미 지금 딴 데는 다 올랐어. 25만 원선으로다가. 우리가 가서 사려면 못 사. 그러니까 내 주장이 그거였던 거 아녀. 여기서 갈 때 이주 단지를 제대로 만들어주면서 가라고 하면 누가 그걸 반대를 하겠어. 지어달라고 한 거 아니여. 그렇게 해달라고 한겨. 근데 아니잖어.

이곳 농사 얘기 해주세요.
심정섭: 여기 농사짓는 것도 그렇지 뭘. 참 내 꺼 가지고는 적으니까 도지 좀 줘 가면서. 도지가 뭐냐면 땅 사용료지. 남의 땅 빌려서 하는. 내 땅에서 농사짓는 게 아니고 사용료를 도지라고 해. 도지. 그걸 운영하면서 각자 소일하는거지.

지금 논은 몇 평 정도 지으시는 거죠?
심정섭: 2,800평.

2,800평을 도지로 지으시는 거죠. 그럼 밭은?
심정섭: 200평하고 그것도 한 700평 되네.

밭두요?
심정섭: 어. 내 밭은 100평.

실제 소유는 100평밖에 안 되는 거죠.
심정섭: 어. 터 200평에 밭 100평을 샀거든. 농사짓는 사람에게 100평은 작은 거야. 얼마 안 돼.

옛날 대추리에서는 농사를 얼마나 지으셨어요?
심정섭: 옛날 대추리에서는 벼농사가 4,500평. 밭은 저쪽에 있는 게 200평하고 한 400평 되었지. 근데 뭐 전부 다 날라갔지.

옛날 구 대추리에 있을 때는 무슨 농사 중심이었나요?
심정섭: 논농사 중심이었지. 대추리에서는 그쪽 들판이 다 논이었으니까.

옛날 대추리에서 가장 애착이 가는 장소가 있으세요?
심정섭: 종대. 종대가 크게 얼러서 큰 종을 달아놨어. 부락에서 회의를 하거나 불나면 울렸다고. 마을에서 알릴 일이 있으면. 불났다고 하견 뚱땅뚱땅 두드리고. 옛날 회관 자리. 거기에 크게 있었다고.

종은 아무나 칠 수 있었어요?
심정섭: 일이 생겼을 때 그 종은 아무나 쳐도 돼. 일이 생기면. 아무나 쳐도 돼. 회의가 있을 때는 아무나 못 치는 거야. 급한 일이 있을 때도 쳐. 그때는 거기서는 소방기가 두 대가 있었어요.

소방기가 뭐예요?
심정섭: (팔을 뻗으며) 이 정도 될 거. 빤듯해 가지고 이쪽은 물 빨아들이는 거. 이쪽에는 물 나가는 거. 그럼 양쪽에서 막 누르는 거지. 누르면 압력에 의해서 나가는 거지. 그게 우리 대추리가 제일 오래된 거. 그게. 펌프식으로 막 눌러 가지고 그걸로 불 끄는 거지. 아주 잘 나가. 소방 호스랑 똑같애. 불만 났다 하면 동네 사람들이 다 모여서 빠께쓰(양동이) 가지고 가서. 붓는 거지. 두 대 있었거든.

　회관에 보관되어 있었지. 그걸 가져와야 되는 건데. 그걸 보관해야 했던 건데. 그때 당시에… 누가 관리를 하나. 그니까 문제가 되는 거. 지금 같으면 내가 가져왔을 텐데. 그런 거는 갖다 놔야 되는 거. 오래된 거여. 워낙 오래된 거니까. 유물이거든. 그건 갖다 놔야 되는데…

후회하세요?
심정섭: 후회는 없지. 근데 못 가져왔지. 왜 그러냐면, 집 한 번 옮기는데 이삿짐 차 세 갠가 돼요. 한 집에. 다 내버리지 않으면. 그러니까 좋은 건 못 가져오는

거지. 우리도 한 차 내버렸는데. 그러니께 이제 오래된 거라면 버리는 거여. 지금 와 그걸 찾으니께 후회스럽지. 사람이라는 것은, 내가 좋아서 이사가는 거하고 쫓겨나서 가는 거하고는 판이 틀린 겨. 내가 이사갈려고 하면 하나하나 차근차근 모든 걸 챙기잖어. 그걸 다 못 가져 나오는 겨. 나 다 내버리고 왔잖어.

주민들이 쓰던 옛날 물건들을 다 챙기지 못해서 많이 아쉬워요.
심정섭: 지금 대추리에서 젤로 가져와야 될 물건들이 소방기 두 대하고 좋은 가 져와야 되는 거여. 그건 큰 보물이라고. 그걸 생각을 못한 거야. 우리 어렸을 때 있었으니 얼마 오래된 거여.

젊을 때 꿈은 뭐셨어요?
심정섭: 나? 워낙 나는 부모가 일찍 돌아가셨어. 18살 적에 아버지가 돌아가셨거든. 저기 어머니는 2살 적에 돌아가시고… 그래서 난 어머니 얼굴도 모르는 사람이야. 사진도 없고. 그때 당시에 사진도 없지.

기가 막힌 거지. 옛날에… 난 농사를 안 지을라고 학교를 갈려고 한 사람이여. 근데 작은 아버지가 안 된다는 거야. 못 나간다는 거야. 그래서 쳐박혀 살았지만 나가서 살라고 했어. 나가서 공무원이 아니면 뭐라도 할라고 했는데, 시골에서 살라고 맘을 안 먹었어.

근데 시골에서 재미를 붙이니까 어떡해. 못 나가게 하니까 할 수 없지. 방법이 없는 거지. 그래서 시골에 묻혀서 어울려 같이 지내게 된 거지. 친구들이 많았는데 지금은 다 헤어졌어. 나간 사람이 많으니까.

다시 태어난다면 무슨 일을 하고 싶으세요?
심정섭: 지금은 욕심은 없어. 이젠 그런 거는 바라지도 않고. 좀 좋은 일을 하고 살고 싶지. 지금은 욕심이 없어. 남을 좀 돕고 서로 더불어 사는 게 있어야지.

결혼하던 때 얘기해주세요.

심정섭: 난 맞선 본 사람이야. 맞선이 뭐냐면 옛날에는 중매를 했어. 중매를 하면 여자 쪽이나 남자 쪽이 만나서 좋고 나쁜 걸 거기서 결정하는 거여. 그게 맞선이라는 거여.

난 22살 적에 결혼했어. 근데 그때 당시에는 결혼이라는 걸 해도, 지금처럼 혼례하는 예식장이 있는 게 아녀. 신부집에 가서 초례청(전통 양식의 혼례를 치르는 장소). 초례청 이게 뭐냐면, 이 남녀가 결혼하는 거를 서약하는 거나 마찬가지지.

혼인신고처럼요?

심정섭: 닭 차려놓고 맞절하고 그러잖아. 그게 혼인서약하는 거여. 그렇게 했어. 우리들은. 거기가 초례청이지.

그리고 쓰리고대(삼발이 차, 타이어 3개 달린 3륜 자동차)라면 모를 겨. 옛날 조그만 차 있어. 지금 짐차마냥 봉고차 있잖어 그 정도 되지. 고거 거기에다 결혼하고 나서, 농이니 사람이니 다 타고서 왔다가는 거여. 그게 결혼식이여. 그때는. 그게 결혼예물이고. 그게 결혼식이라는 거지. 지금과는 틀리지. 지금은 예식장에서 번덕번덕하게 하지만 그때는 예식장가서 하는 게 어디 있어. 시골에는 어디든지 가서 초례청 만들어놓고 여자집 가서 서로 맞절하고 그리고서 오는 거지. 그게 결혼식이었던 거여. 그리고서 한평생 사는 거지. 지금은 예식장가서 하면 간단하지.

구 대추리에 전기가 언제 처음 들어왔나요?

심정섭: 전기… 그거가 음… 내가 결혼하고 나서 한 3~4년 되었나… 1960년도? 그때 될 겨. 처음으로 불 들어왔던 때지. 전기불.

석유 키고 살다가 그거(전기불) 달아놓으니 얼마나 좋아? 촛불하고 등잔을 산 사람이야. 등잔을 알어? 석유 넣고 심지 만들어서 불 붙여놓으면 훤한 거여. 그거하고 조금 환하게 산다고 하면 촛불이라고 촛불. 촛불을 쓰는 데 전기를 놓으니까 얼마나 밝어. 세상이 달라졌지. 그게 전기를 놓으니 얼마나 좋아.

버스는 언제 들어왔어요?
심정섭: 버스는 한참 있었지. 버스는 그거도 그 무렵일세. 새마을 사업 막 하고 그럴 때. 새마을 사업 그때 했거든. 새마을 사업하고 그때 차 들어오고 전기하고 건물도 다 짓고.

당시에는 자전거도 귀했죠?
심정섭: 그럼 자전거도 귀했지. 자전거가 몇 집 없었어. 자전거 1대가 쌀 4가마니, 5가마니 값이니 뭐. 지금은 아무것도 아니지만.

자전거가 비싸서 귀했구나.
심정섭: 그렇지. 왜냐면 그때 당시만 해도 대단한 거지. 그게. 평택까지 걸어가는데 자전거 타고 가봐. 얼마나 그… (웃음)

전기 들어오고 버스 들어오고 할 당시에 차 가지고 있는 집이 아무도 없었죠?
심정섭: 없었지. 차가 어디 있어?

달구지죠?
심정섭: 그렇지. 달구지지. 논에서 그거 타고 그리고 나서 80년도에 탈곡기하고 콤바인더하고 그런 거 들어오고.

경운기는 언제쯤 나왔나요?
심정섭: 경운기는 일찍 나왔어.

전기보다 일찍 나왔어요?
심정섭: 아니 늦지. 경운기는 내가 두 번째로 샀어. 1년에 한 사람씩 추천이 갔어. 그게. 경운기도 지금은 맘대로 타고 싶은 사람이 사지만 그때는 담보, 농촌진흥소, 행정기관 다 거쳐서 이 사람 괜찮다고 해야 그거 줬어. 경운기도.

강제 이주를 당한다고 했을 때 무엇이 가장 두려우셨어요?
심정섭: 그때 당시에 처음에는 두려운 것도 없었어. 말도 안 되는 소리지. 여기는 사람들 쫓아내려면 뭘 만들어놔야 하는데 없으니까 화가 났지 그런(두려운) 건 없었어. 한 번도 아니고 세 번이나 정부가 그러니 말이 돼. 화가 많이 났었지.

대추초등학교 만들 때 이야기를 해주세요.
심정섭: 대추초등학교는 대추리 추진위원들이 각 반에 4반까지 있잖아요? 세 사람씩 있었어요. 추진위원이 총 12명이었고 쌀자루 들고 다니면서 쌀을 모았지. 집집마다 돌면서 살 만한 사람들이 좀 덜내면 '더 주세요' 그래가면서, 그 쌀을 걸어가면서 대지를 산 거여. 대추초등학교 대지를. 그때 쌀이… 한… 5자루 모였을 꺼여. 그때는 땅값이 쌌어. 그리고 그 땅주인이 마을에 초등학교가 생긴다니깐 싸게 줬어…

대추리 학생들이 계성초등학교까지 다니기에는 너무 걸잖아. 봄이면 물 잠겨나서 가기도 나쁘고. 그래서 안 되겠다 대추리에 학교 하나 만들어보자. 그래서 그렇게 된 거거든.

많을 때는 300명까지 있었어. 폐교 당시에는 89명이었어. 교장 교감 자기들 맘대로 폐교 만들고, 학생들 무시하고, 자기가 가고 싶은 서울 학교로 가버렸어…

어디 아프신 곳은 없죠?
심정섭: 아 그건 아직… 까지는 괜찮아. 담 있어서 봄에 그건 수술했지.

건강의 비결은?
심정섭: 나 술 먹고 많이 먹어(웃음) 약주도 많이 먹고. 식사는 가리지 않고 잘 먹어 골고루. 지금은 많이 먹으면 3병, 적게 먹으면 1병.

대추리에 사는 특이한 동물이나 나무는 무엇인가요?
심정섭: 대추리는 솔부엉이… 나무는 그… 솔나무. 옛날에는 많았었어. 그게 얼

마나 좋았다고 솔부엉이는 부엉이과인데 소나무숲에 사는 조그만 부엉이여.

대추리에 내려오는 풍습이나 예절은 뭔가요?
심정섭: 때는 당집이라고 있었어. 당집이 뭐냐면, 1년에 한 번씩 정월대보름에 부락의 안녕을 위해 신에게 제사를 지내는 것이여. 그리고 풍물놀이하고, 그리고 뭐 또 있는데 별로 생각이 안 나네… 아, 윷놀이도 며칠동안 크게 했지.

당집의 위치는 어딘가요?
심정섭: 대추리 공소 뒤에 이엉(짚, 풀잎 등으로 엮어 만든 지붕 재료)을 엮어서 크게 해논 곳, 그게 말도 많았던 곳이야. 이리로 오면서 없애버리고 나무 심었을 거야.

대추리는 언제부터 있었나요?
심정섭: 우리도 잘 몰라. 내가 지금 일흔여덟인데, 우리 아버지 고향도 거기라니께, 그니께 100년은 넘었다고 봐야지. 엄청 오래됐을 거야.

손자, 손녀들에게 해주고 싶은 말씀 있으세요?
심정섭: 나는 아들 딸이 다섯이거든. 큰놈도 딸 하나 작은놈도 딸 하나야. 그리고는 안 나. 왜 안 나? 요즘 교육비가 많이 들어가요. '그러냐' 그러고 말았어. 애들이 오면 반가워. 우리집에 먹을 것도 많고 어렸을 때는 오더니만 요즘엔 컸다고 오지도 않아. 대추리 때는 아버지 5형제가 살았는데 지금은 사촌이 한 명밖에 없어. 보고 싶은 맘은 큰 데 도리가 없지. 가르칠 때는 힘이 많이 들었는데… 생각하면… 뭐해 그런 거지.

언제든 놀러와도 돼요?
심정섭: 우리 세대에는 사는 게 기구했어. 지금은 모든 것이 내 스스로 하고자 하면 할 수 있잖아. 앞으로 공부 열심히 하고, 열심히 놀고, 사회에 남부끄럽지 않는 사람이 되면 좋겠어. 언제든 놀러와, 대환영이야.

이경분(1956년생)의
이야기를

한유빈(2000년생)과 **김서진**(2004년생)이
듣다.

자기 소개 좀 해주세요.
이경분: 내 이름은 이경분. 세월간 거는 6학년 3반(63세)(웃음). 내가 대추리 주민으로 살아온 세월은 37년. 원래 고향은 수원. 우리 때에는 산아제한이 있었어. 산아제한이 있어 가지고 이제 둘 낳기 했걸랑 하나, 둘. 그때 당시였으니까… 남매, 그래 둘.

언제 대추리에 오셨나요?
이경분: 결혼하면서. 내가 결혼한 나이는 스물일곱인 거걸랑. 내가 여기 와서 산 게 37년이라는 거고. 내가 81년도 결혼해 가지고 살아온 거는, 힘들고 고생하며 살아온 그런 기억밖에 없어. 그래도 한때 즐거웠던 적도 있었겠지. 그런데 사람이 즐거웠던 기억을 잘 못 해. 이제 육체적인 건 일이 많으니까 힘들은 거고 정신적 고통도 있었지. 그치만 이제 그런 거 한 고비 한 고비 넘기며 아이들 크는 거 바라보면서 참고 살다 보니까 이렇게 좋은 날도 와.

결혼은 어떻게 하셨어요?
이경분: 우리 아저씨(남편분을 아저씨라고 부르신다)하고 중매로 만났어. 내 고향이 수원시가 아니라 수원시를 약간 벗어났어요. 그니까 평택에서 여기 오는 식으로. 그 정도 거린데, 우리 아저씨의 여동생의 시누가 우리 옆동네 와서 시집을 와서 살았어. 그래 가지고 그 사람이 얘기를 해서 만나게 된 건데. 나는 알지도 못하고 있었는데, 처음에는 내가 아니라 내 밑에 여동생이 또 하나 있었어요. 그 여동생 얘기를 했는데, 우리 엄마가, "걔가 문제가 아니라 우리 집에 늙은 딸 하나 있는데 그거 하나 치워야 한다고"(웃음). 그렇게 해서 우연치 않게 내가 나가게 된 거지.

그때만 해도 내가 이렇게 결혼 같은 거 크게 생각하고 살지를 않아 가지고. 내 마음과는 전혀 다르게… (웃음) 요즘 사람들 마냥 뭐 금방 만나고 헤어지고 막 해 갖고 뭐 오랫동안 사귀는 사람도 있고 그러드만. 우리 아저씨 역시 그랬을 거야. 굉장히 깐깐한 사람이걸랑. 그때 나이, 아저씨 나이가 30인데 노총각이었지.

나도 그렇지만 뭘… 사람 인연은 참 이상하고 묘하다고 봐. 아저씨 만나기 전에 약혼 날짜까지 다 잡아놓고 패물까지 다 맞춰놓고 파혼한 적이 있었걸랑. 그래도 그 사람이 싫었으니까. 그러다가 아저씨 만난 다음에 3개월만에 결혼했어. 약혼 날짜까지 잡아놓고 패물까지 다 맞춰놓고도 파혼을 했는데, 어른들이 밀어붙여서 3개월 만에 세 번 만났나? 세 번인가 네 번밖에 안 만났어. 그니까 성격도 알 겨를도 없이 그렇게 결혼을 했다는 거 자체가 희한할 정도지. 아마도 어른들이 엄청 밀어붙였으니까 그러지. 그니까 사람이 인연이라는 건 참 이상해. 처음에는 많이 부딪혔지. 살아온 생활 습관이 틀리잖아. 그리고 그때 당시에 대추리 같은 경우는 오지, 완전 시골이나 마찬가지였으니까.

대추리에 딱 처음 오셨을 때 느낌이?
이경분: 내가 처음에 왔을 때는 완전 시골이고 비포장도로에 덜컹덜컹 들어왔는데, 그때가 저녁 때였을 거야. 12월 달. 겨울에는 5시, 6시 지나면 어둡고 깜깜하잖아, 내가 대추리에 한 5시쯤에 들어왔을 거야. 그게 대추리 오니까 시어머니 되시는 분이 떡국을 끓여주시더라고. 인제 겨울인데 12월에. 근데 올려고 온 게 아니라 아저씨하고 데이트 하다가 내가 그랬지, '집에 한 번 가보고 싶다'고 그래서 느닷없이 오게 된 거야. 그니까 우리 아저씨도 전혀 생각치도 못한 일을 하게 된 거지.(웃음) 그리고 나는 시부모님하고 같이 살았지.

시집살이도 하셨어요?
이경분: 시집살이? 했다면 한 거고 안 했다면 안 한 거지. 시어머니가 좀 일찍 돌아가신 편이어서 7년 동안 같이 살았지. 그리고 시아버지하고 10년 살았어. 시어머니하고 별로 크게 갈등 생길 일은 안 했을 건데, 그때는 시동생도 있었고 시누이도 있었고.

이담에 커서 결혼해봐. 그런 상황이 나하고는 전혀 상관없이, 본인 마음하고는 전혀 상관없이 생겨. 난 내가 시부모님을 모시고 사는 거는, 나도 친정 부모가 있으니까 다 똑같잖아. 뭐 어쨌든 간은 내 부모도 있는데, 거리를 안 두고 살려고 노력을 했는데 갈등이 조금 있었지. 이제 세월이 많이 가고 나니까 그리고 원래 이해심이 많으신 분들이라 그런지 시누님들은 그래도 좀 많이 이해를 해주는 편이야. 지금까지 37년을 살았어도 우리 시누님들하고 부딪혀본 적도 없으니까. 이제 한 분은 연세가 많으셔요. 우리 큰시누님은 나하고(수를 세며) 16년 차야. 우리 아저씨하고는 13년 차이고. 그리고 손아래 시누는 나하고 7년, 오빠하곤 10년 차이지. 그러고 막내 시누는 엄마 아버지 다 돌아가시고 내 손으로 결혼식을 치러줬으니까. 어떻게 보면 나하고는 7년 차이밖에 안 나지만, 그래도 자식 같은 느낌?

여기 시집와서 내가 들일을 시작하기 시작한 거는 우리 시어머니 돌아가시기 1년 정도 전에부터 들일을 시작을 했는데, 거긴 시골이니까 한 다섯 여섯 집에서 품앗이를 했어. 처음에 시작을 했을 때… 시어머니 연세는 예순여섯이었어. 그때 나는 새댁 시절이니까 뭘 해봤어야지. 그니까 안 되겠어서 시어머니가 같이 나가서 도와주셨어. 난 할 줄 몰라. 우리 시어머니가 밥 다라이를 이고, 나는 옆에서 뭐 들고 가는 것만 들고 쫓아갔을 거야. 들어가 보니까 다 다른 집은 젊은 며느리들이 나가서 일을 하는 데, 시어머니는 우리 어머니 한 분밖에 안 계시니까 그 사람들이 불편할 것 아니야. 그래서 나는 논둑에 앉아서 일하는 걸 봤지.

그때는 기계화야. 손모를 심는 거는 아닌데, 그때 당시만 해도 기계가 지금같이 좋지가 않아서 빈 공간이 많았어. 기계가 안 심겨 가지고. 그 빈 공간이 있는 걸 사람이 다니면서 다 일일이 때웠어. 내가 논둑에 앉아서 이렇게(심는 시늉을 하며) 손 닿는 데만 꼽았어. 그니까는 같이 일하시는 아줌마 한 분이 그렇게 하는 거 아니라고 하면서 가르쳐주더라고. 그래서 그 다음날부터는 그렇게 했지. 그렇게 배워서 "어머니, 들에 내가 나가겠다"고 그랬지, 시어머니한테. 그때서부터 내가 제대로 들일을 하기 시작한 거야. 그땐 우리 아저씨랑 같이 농사를 졌어도 아저씨는 기계를 끌고 다녔기 때문에 그 잔잽이(자잘한) 일은 할 수가 없었어. 내 거만 심는 게 아니고 다른 사람들 논도 갈고 쓸어주고 모도 심어줘야 되고 하니까. 일단 자기 논갈이해서 모심어놓고 나면은 뒷일은 다른 식구들이 해야 되는 거지.

그때는 시어머니 시아버지 다 계셨었는데. 시어머니 돌아가시고 나서 시아버지도 다치셔 가지고 병석에서 거의 한 3년을 사셨는데, 아이들은 어리지… 힘들었지. 아닌 게 아니라 내가 시아버지 대소변 다 받아내가면서, 진짜 걸음도 못 걷는 시아버지 운동시켜서 걸음까지 걸리게 해서 노인정 마실이라도 다니실 수 있게 만들어놨는데, 그렇게까지 했는데도 돌아가셨어.

마을 일도 많이 하신 걸로 아는데.
이경분: 밥 하는 거. 그거는 괜찮아. 그때 우리 아저씨 동네 이장일 볼 적에 할 일이 얼마나 많았는데. 지금은 이장 한다 그래도 괜히 사업이나 벌여놨으니까 우리 이장이 바쁜 거지. 그때는 완전히 동네일에 헌신이야 진짜, 머슴이지 머슴. 우리 아저씨가 큰애 그때가 6, 7살, (손으로 수를 세며) 학교 들어가던 해부터 일 본 거야. 10년을 본 거야. 그때 나는 병석에 있는 시아버지도 있지 애들은 어리지 큰애는 7살 작은 애는 5살. 더군다나 누가 하나 뭐 거들어줄 사람도 없는 홀아씨(도와줄 사람이 없는 젊은 여자)지.

그때 당시에는 시골 동네니까 뭐 새마을 사업이다 부녀 사업이다 해가지고 일이 참 많았어. 그러면 부락에 다른 외지에서 와서 일을 거들어주잖아? 그럼 그 인부들 밥을 해서 줘야 돼. 아침 저녁은 안 해줘도 점심 한 끼는 해줘야 돼. 그러면 이제, 동네가 크니까 리(里) 서기가 있었어. 옛날에는 동네가 시골 동네치고 150호 정도 가까이 되니까 새마을 지도자 4개 반으로 나눠서 각 반당 반장님들, 리 서기 하나 두고 이장님 있고 부녀회장님도 있었고 그랬걸랑. 내가 누구를 데리고 같이 거의 일을 하냐면 리 서기 부인하고 같이 많이 했던 거지. 우리 아저씨가 리 서기 2년 보고 이장을 본 거거든. 저 위에 이제(현 대추리) 같이 와서 사시는데 그분이 이장 볼 때 우리는 리 서기를 본 거지. 그 리서기 2년 보고 이장을 8년을 본 거야. 그러니까 10년 세월을 한 거야. 이제 우리 아저씨가 리 서기 볼 때도 이장님 댁에 가서 일을 했고. 이제 우리 아저씨 이장 볼 때는 우리 집에서 내가 음식을 하면서 리 서기 부인이 와서 같이 도와준 거지. 그런 식으로다가.

이제 여름에는 거의 그렇게 사업으로 이제 바쁘지, 애들 어리지, 또 겨울 같은 때는 수매(여기서는 벼를 창고에 보관하다 파는 것)한다고 그러지. 옛날에는 정부에서 쌀 벼 수매한다고 그러면 한두 번에 끝나는 게 아니야. 겨울에는 최하 못해도 다섯 번 정도 나눠서 하는 거야. 또 많이 할 때는 일곱 번 하는 해도 있어. 그러면은 그거 수매 한 번씩 할 때 그때도 와서 일하시는 분들 4~50명 정도 되는 분들 다 식사 대접해야 되고, 그걸 한 일곱 번씩 하면은 겨울은 그 양반들 먹을 거리 해대다가 세월 가는 거지. 그럼 리 서기 부인하고 나하고 둘이서 하는 거야.

그리고 시골이니까 거기는 순전 생활권이 농사잖아. 생활권이 농사니까는 읍사무소 산업계 담당 직원이 있어. 시골이니까 다니면서 담당하는 공무원이 있어요. 밭고랑마다 다니면서 한 부락에 한 사람씩 지정돼 있다고. 그러면 산업계 거기는 이제 완전히 전원이 농부니까는 다 잊혀 놓는 게 아니라 농사 위주로 사는 사람이니까 저기 산업계에서 관리를 했지. 그러면 그 직원들이 거의 나와서 살다시피를 해요. 이제 그 양반들 먹을 거리도 해내야지… 그니까 예전에는 냉장고에 무슨 음식을 채워놓으면 우리 식구를 먹이겠다고 내가 채워놓은 적은 없었어. 그 손님 치르느라고 쟁여놓는 거지. 맨날 느닷없이 계란 후라이에 술상 봐라 밥해라. 그니까 아무리 손님치레 잘 안 하더라도 한 달이면은 1/3, 거의 보름 정도 손님치레를 하고 살았다고 보면 되는 거야. 근데 시장이 가까워 교통편이 좋아? 응? 그러니까 시장 한 번 갔다 오면 한나절 소비하고 오는 거야. 아침에 버스타고 나가면 시간 맞춰서 부지런히 해야 점심 때 버스 시간 맞춰서 타고 들어올 정도니까… 그리고 또 짐도 다 들고 오는 거지. 그런데다가 농사일도 하지. 또 가만히 나는 있는 타입 아니걸랑, 그래서 항상 내 손에서는 부엌 거리(음식을 만드는 데 필요한 재료와 도구)가 떠난 적도 없었어. 애들 건사해야지. 그니까 항상 내 손에서 일이 떠난 적이 없었걸랑. 그때는 새벽 1시, 2시 안에 자본 적이 없어. 그래도 그때는 젊으니까 그래도 힘이 되니까 한 거지.

하루일과는 어떻게 되셨어요?
이경분: 하루일과는 아침 나가서 들에 가서 일하고, 아이들 학교 보내놓고, 어린이집 보내놓고 그러고 나서 들에 가서 일하고 한낮에는 또 덥잖아. 그러면 집안

에서 부엌 거리 가지고 만지고, 저녁 때 되면 또 들에 가서 일하고, 와서 아이들 씻기고 저녁 챙겨서 먹이고, 그러고 나면은 집안에 또 뒷일이 많잖아. 뭐 청소니 빨래니 이런 게 또 쌓이고, 뒷정리할 것들도 생기고, 농사를 짓다 보니까는 내가 저녁에 앉아서 손 볼 것도 많고, 그런 거 하다 보면 1시, 2시 되는 거지. 그니까 우리 아이들도 고생이 많았지. 자기네들이 일을 해서 고생을 하는 게 아니라 다른 엄마들 마냥 많이 챙겨주지 못하니까.

투쟁 당시에 굴삭기 같은 장비와 전경들 들어왔을 때는 어떠셨어요?
이경분: 그때는 하루일과가 어떻게 됐느냐 하면 내가 집회 하는 데 나간 거는 한 손가락 안에 꼽을 거야. 사람들이 평택대학교에서 처음에 설명회 한다고 그럴 적에 그때 한 번 쫓아나갔다가 형사들한테 끌려다녔지. 그때 한 번 나가고 내리(지명)서 전경들하고 한 번 붙은 적이 있었어.

 그 다음부터 외부에서 손님들이 우리 부락에 와서 있었어. 그 사람들 들어오고 나서부터는 그 사람들 밥해주기도 바빴어. 적은 인원도 아니고 몇 백 명씩 되니까 그런 거 해대기도 바빴지. 그 다음부터는 투쟁하고 그러는 데는 내가 손을 묶었어(밥하느라 투쟁 일을 못 했다). 그때는 내가 장을 봐다 주고 아직 새댁이었던 지금 이장 부인, 지금 리 서기, 생활지도자 부인 고 또래가 밥을 해댄 거야. 집이 나란히 있는 그 사람들 데리고 너댓 명이서 밥을 해댄 거야. 김치 떨어지면 김치 누구 없냐. 그러면 김치도 가져다 주고 그렇지 않으면 우리가 사다 담그기도 하고. 막 급하면 노인네들 데리고 막 주먹밥이라도 만들라고 시키고. 반찬이라 그래봐야 급하게 하는 거니까 이것저것 안 해도 김치에다가 국, 찌개 한 가지만 있어도 먹을 수가 있잖아. 그 양반들도 어쨌든 간에 밥은 먹어야 될 것 아니야. 그니까 부락에서 식사는 거의 우리가 제공을 했으니까.

 그니까 우리는 그때부터 바깥에서 일어나는 일은 잘 모르는 거야. 우리가 부딪혀 보지를 않았으니까. 안에서 이제 그런 거 해대기만 바빴지. 아이고 7~800명씩 급하게 밥할라 하면 그것도 쉬운 일 아니여. 그것도 투쟁이지. 일단 들어오면 많은 사람이니까 그 양을 준비를 해야 되잖아. 그러면 그때 그 투쟁할 때쯤에는 운전도 하고 차도 있고 하니까 금방 시장에 가서 찌개 거리라도 사다가 그냥 전기밥솥, 이집 저집, 노인정, 마을회관에 있는 거 갖다가 밥 볶고, 그렇게 하는 거지.

그래도 재미난 시절도 있었어. 나 시집 와가지고 2년, 3년 동안은 팔월 추석에 콩쿨대회 같은 것도 있었어. 굉장히 평화로운 마을이었어~! 아이, 난 새댁 시절이니까 가서 앉아 가지고 구경이나 하는 거지. 그때는 우리 아저씨가 청년회장을 봐 가지고 그런 거 주선하고 그랬었어. 그때 그래서 내가 무슨 나이 30이 넘어서 청년이냐고 하지 말라고 그랬지. (웃음) 그 재밌는 시절도 있어. (웃음) 힘들고 괴로웠던 시간만 있었던 것도 아니야. 그니까 이런 흐린 날도 있고, 갠 날도 있고 소나기 오는 날도 있고, 바짝 해나는 날도 있고 그런 거지. (웃음)

촛불집회에 몇 번 나가셨다고 하셨는데, 바쁘지 않으셨어요?
이경분: 저녁에 촛불집회 같은 데는 나갔지. 그건 밤에 하는 거니까. 그리고 촛불집회는 투쟁할 적에는 못해. 이렇게 투쟁 끝나고 난 다음에 촛불집회가 시작된 거지. 투쟁할 적에는 촛불집회 할 여가가 어딨어. 전경들하고 붙어서 대치하고 싸우기도 바쁜데. 그리고 투쟁 다 끝나고 나서 촛불집회를 한 거지. 처음에는 본정리에서 하다가 거기 폐쇄되는 바람에 대추초등학교에서 한 거지.

착잡하지. 그리고 그런 거를 생각을 해보고 살아본 적이 없어 가지고 진짜 황당했어. 이렇게 우리가 TV 뉴스 같은 거 보고 그럴 적에 누가 데모하고 그러잖아? 솔직히 그런 거 싫었어. 좋게 하지, 왜 굳이 저렇게까지 해야 되나. 그리고 그렇게 큰 관심 안 갖고 살았고. 근데 그런 일이 나한테 닥칠 거라곤 상상도 못하고 산 거지. 전혀 예상 밖의 일이 벌어진 거니까. 그리고 그런 거를 조금이라도 생각해보고 살았으면 무슨 대책이라도 있는데… 그니까 아무 대책 없이 살다가, 황당했지. 흐흐흐, 막막하기도 하고 이런 상황을 어떻게 대체해야 되는 지도 모르겠고.

촛불집회에서는 맡은 역할 같은 거 없었어요? 부녀회장이셨으니까.
이경분: 아니 그런 거 없어. 그런 거 맡아서 하고 그런 거 없었어. 그냥 다 같이 하는 거지.

투쟁이 다 끝나고 직후에 마을에서 쫓겨나셨잖아요. 그때는 뭐 하면서 지내셨어요? 여기 오기 전까지는?
이경분: 여기 오기 전까지는 정부에서 일자리 알선 해준 지 있었어. 일종의 공공근로 식으로다가 이주민들 일자리를 해준 게 있었어. 그 일 하고 소일거리. 그래도 정부에서 그냥 돈을 줄 수가 없잖아? 그니까 일자리를 주고서는 그런 식으로 우리한테 조금씩 보상을 하는 거지. 생활 유지비 정도 버틸 정도로다가 처음에는 80만 원 돈 됐나? 임금이 조금 해마다 올라가니까 조금씩 조금씩 오르다 나중엔 100 조금 넘고, 그거 10년 세월 했나봐… 여기 와서도 작년 7월까지 했으니까.

요즘에는 어떠세요?
이경분: 요즘은 살림하고 밭일하고 그런 거지. 그러고 저 오후에 이제 기념관에 일 있으면 그거 가서 같이 하고. 이젠 논농사 같은 건 없고, 밭이 한 400평 되요. 다른 사람, 요 동네 부락 사람들보단 좀 많은 편이고. 우리 밭은 다 동네에 있어요.
　우리는 논을 안 샀어요. 내가 나오면서 그랬어. 내가 논농사를 지고 살라면은 그래도 그럭저럭 15,000평은 가져야 내가 생활권이 됐는데, 그까짓 거 내가 받은 거 가지고서는 논 몇 천 평 밖에 못 사는데 그게 내가 생활권이 안 되잖아. 그리고 우리가 받은 금액이 우리가 평당 한 15만 원대 받았는데 바깥에서는 평당 25만 원 이상 줘야 되니까, 내가 그거 줄여 가지고 어떻게 생활권을 대. 거기 매달려서 살 수는 없잖아. 그렇게 하고 가까운 데서 살 수도 없고. 보통 해 보니까 다 여기 논 가진 게 멀리 있잖아요. 우리도 논 가진 사람들 몇 집 안 돼. 논 있는 집 서너 집 밖에 안 되는데, 그 집 논들도 다 멀리 있잖아. 그때 당시에도 젊은 이들 나이하고 우리네하고 10년 넘게 층하가 지다 보니까(차이가 나다 보니까). 그이네들은 젊으니깐 그래도 다니면서 할 수가 있지만은 난 싫다 그랬지. 항상 젊

은 건 아니고. 나이 먹어도 그 먼 거리를 다닐 수 있느냐? 그건 아니지. 무슨 논 사는 건 싫다고 그랬지. 그리고 바깥에 보면 다른 사람들도 주위에 가깝게 있어서 할 수가 있으니까 하는데, 멀리 장거리도 보통 1시간 이상씩 다녀가면서 농사를 진다는 건 쉬운 게 아니걸랑.

구 대추리에 있을 때, 애착이 가는 장소나 물건, 동물같은 거 있으셨어요?
이경분: 애착이 가는 장소? 동물? 뭐 애착이 가는 글쎄 장소라고나 해야 봐야 뭐… 옛날에 우리 시아버지 때에는 학교가 없었다. 그걸 계성초등학교까지 다닌 거 아니야. 거기서 논길로 옛날에 미끄러져 가면서 다녔다 그러더라고. 또 거기는 흙이 질어. 개흙(갯바닥이나 늪, 같은 곳에 있는 거무스름하고 미끈한 흙)이고 막 빠지고 그런 논길로다가 걸으면 얼추 1시간 거리 되고. 그런데를 걸어다녔다 그러더라고. 그때 당시만 해도 부락에 아이들이 많았나봐. 그니까 내가 들은 바로는 부락 주민들이 협심해서 얼마씩 걷어 가지고 학교 부지를 만들어서 학교를 세우게 된 거라고 그러더라고. 결국 그것도 빼앗겼지만.

애착심은 가지. 시골 학교니까는 부락에서 조금씩 도움을 줘야 돼. 교육청 도움만 갖고는 안 돼. 그러면 3개 부락에서 내리, 그 수용된 데 도두리, 우리 대추리 3개 부락에서 도움을 조금씩 줬어요. 우리 아저씨가 일을 보다 보니까 나도 아이들 학부형 되기 전서부터 학교에서 일을 많이 했었으니까. 아이들 학교 가기 전서부터 선생님들하고 접촉이 많았어. 그때는 학교 일을 아이들 학교 가고 나서도 몇 번 한 거지.

그리고 제일 추억에 남는 거는 전교에서 아이들 소풍 가고 그럴 적에 각 부락에서 돌아가면서 선생님들 도시락을 싸요. 각 부락에서 선생님들 도시락을 준비를 해. 그러면 봄 소풍 때는 여기 (계속 여기저기 가르키며) 가을 소풍 때는 여기 이렇게 하고 운동회 때는 거의 대추리서 맡아서 해요. 음식을 다른 부락에다 안 넘겨요. 그럼 주민들까지 다 같은 잔치니까. 그러면 전 날서부터 학교 가서 수육 같은 것도 삶고 음식 준비하고. 그런데 각자 학부모들은 자기 식구들 먹을 거는 해 갖고 오는데, 왜 가서 그런 음식을 준비하냐면, 내빈들도 계시고 학교 선생님들도 계시고 부락에 노인 양반들 유지들 이렇게 와서 협조하시는 분들이 많잖아. 시골 학교다 보니까는. 그런 손님들 접대할라고 음식 준비를 하는 거야. 또 학교 소사일 보시던 분 아줌마가 계셔요. 그분하고 같이 가서 장봐다가, 그런 거도 준비해놓고 그러면은, 참 즐거웠어. 그래도 아이들 클 때는 재밌었어.

아마 언젠가 한 번 선생님 결혼 치레 하다가 우리 가을 소풍을 갔다가 왔는데, 그 선생님이 얼른 집에를 안 가시더라고 이상하게. 그게 선생님들 식사를 우리가 대접 안에 다 싸갖고 간 거 아니야. 근데 남았어. 남으니까 그 학교 일 보는 아저씨 아줌마가 그러더라고, 우리 밥 비벼 먹고 가자. (웃음) 남은 거 밥 비벼 먹고 가자. 그니까 한 10월이면은 김장 무 굵은 걸 숨어서 김치하면 참 맛있었어. 그걸 넣고 비볐는데 "한번 잡숴 보세요." 그러니까는 선생님들도 죄 달라붙어서 잡쉈는거야. (웃음) 수저들을 안 놔. (웃음) 선생님들도 생각나실 거야. 아유, 그런 추억도 재미도 있었고… 우린 전쟁 한 건 악몽이야, 악몽. (웃음) 두 번 다시 안 하고 싶어. 그런 일 없이 사는 게 좋은 거지. 서로가 그렇게 살아질까? 그런 세상 만들고 살아야지 뭐. 그거는 학생들 책임이야. (웃음) 그런 세상 안 오게 해 놓고 사는 거는.

대추리에 끝까지 있다 나오셨잖아요. 왜 마지막까지 지키려고 하셨는지?
이경분: 글쎄? 좀 외골수라 그런가? 성격이? 모르겠어… 내가 이렇게 마음이 왔다갔다 하고 그러는 성격은 좀 안 돼. 그래서 그런 거 같아. 그리고 어쨌든 우리는 외지에서 온 사람이니까는 그런 애착심보다 우리 아저씨 같은 경우에는 거기서 태어나서 자란 사람들이잖아. 그런 사람들. 우리 그 고집 땜에 더 했을 거 같아. 자기 고향 버리고 떠난다는 자체가 싫은 거지. 지금 어쨌든 이 지역 사람이잖아. 우리도 지금 나와서 이렇게 사는 거 보면 주위에서 시선이 곱지는 않아. 그니까 어떻게 보면 요즘은 시쳇말로 학생들이 말하는 왕따? 그런 쪽이지. 세월이 10년 세월이 지났는데도, 아직도 그런 후유증이 남아…

대추리 주민들이 투쟁하는 것을 사람들이 안 좋게 본 건가요?
이경분: 그렇지 투쟁하기 전에는 팽성 일대에서 대추리 하면 무시하는 사람이 없었어. 그 정도로 파워가 세고 단합도 잘됐고. 그리고 모든 게 다~ 모범적이었고, 우수했던 부락이었걸랑. 그런 부락이 완전히 하락으로 떨어진 거지. 오죽 하면 왕따야. 그니까 주위에서 다 곱게 안 보니까는, 어떻게 보면 굉장히 외로운 삶을 10년 세월 동안 산 거지. 우리는 여기서 살아가는 사람이잖아. 평생을 살아야 되잖아. 어쨌든 지역사횐데, 이 지역에서 화목하게 잘 활성화가 되고 우리가 같이 협동, 이렇게 어우러져서 살아야 되는데 그렇지가 못한다는 거지. 그니까 얼마나 진짜 지금은 나는 이렇게 나가고 싶은 생각이 없을 적도 있어. 시선이 따갑잖아. 그니까는 나 자신이 움츠려지는 것 같고 부딪히기 싫고…

그래도 투쟁할 때 장보러 많이 가셨잖아요.
이경분: 그 사람들은 그런 거 몰라. 우리가 장을 보러가는 거는 평택 시장을 가걸랑. 그 사람들은 팽성하고 평택 시내하고 틀리잖아. 그 사람들은 상업권이니까는 그런 걸 못 느끼지, 장사하는 사람들은. 근데 우리가 이렇게 같이 행정이고 뭐고 이렇게 어우러져 있는 거는 팽성 지역이잖아. 그니까 주위 이웃 부락에서 그러니까는 그게 더 힘든 거지… 진짜 무슨 여러 단체에서 와서 도와주고 뭐하고 한다고 그래도 그거는 어쩌다 한 번 이렇게 하는 거지. 이렇게 자주 부딪히고 현실적으로 우리가 생활을 하는 데는 주위 사람이잖아. 어쨌든 이웃에서 서로 잘 통합이 돼야 좋지. 왕따나 당하고 외톨배기 되는 느낌, 그런 소외감 가지고 살아간다는 게 굉장히 힘들지.

아저씨는 대추리가 고향이시고, 나고 자라서 애착이 많으셨기 때문에 마지막까지 남으시려고 하셨는데, 부녀회장님은 어떠셨어요?
이경분: 내가 이익권을 따지자면 먼저 나왔어야 되는 거고. 근데 성격도 나 역시 외골수다 보니까는 사람이 나 혼자 살자고 같이 거기서 그 긴 세월, 더군다나 위원장이 내 집, 우리 한울타리에서 사는데 그거 배신한다고 하는 게 그게 쉬운 건

아니잖아. 하긴 그 사람도 아무리 내가 우리가 한울타리 안에 살았어도 더 친하게 살던 사람들도 배신 때리고 먼저 나갔지만은, 그렇지만은 우리는 그렇게까지 하고 싶은 생각은 없었어. 사람이 다 그려~, 지금 내가 여기서 먼저 벗어나서 내 살길 찾는다고 해서, 글쎄 생활이 얼마나 또 크게 나아질런지는 모르지만은.

지금 제일 자존심 상하는 게 뭐냐면, 우리가 나올 때 정부와 협상볼 적에 대추리라는 명칭은 꼭 갖게 해준다고 했던 거, 그게 안 되는 거 그게 제일 자존심 상하는 거야. 우리 이장님도 그런 거야. 제일 마음에 걸려 가지고 지금까지도 그 미련을 못 버리고 소송까지 가느니 어쩌느니 했으니까는. 지금은 주소지가… 지금 대추안길로 돼 있어도 본주소지는 노와리야. 여기는 노와리 번지이기 때문에. 그런 게 제일 자존심 상하는 거지. 다른 건 어디 갔던 간에. 에이 싫잖아(한탄)…

투쟁을 뭐 하고 안 하고 이런 거 그거 따른 시선 따갑게 보는 거 뭐, 빨갱이 한 번 전쟁(싸움) 났고… 그런 게 문제가 아니야. 그런 시선을 받아줄 수는 있는데, 그런 소리까지 들으면서 지금까지 살았는데, 내 부락 이름 명칭 그거 하나도 못 받아 가지고 이렇게… 지금 행정으로는 우리 부락 없어요. 대추리 자체가 없어. 그리고 우리 부락에 이장 없어. 그냥 부락에서 만들어서 이장이지 행정상에 이장은 없어요. 그런 실체인거라. 그거는 행정 계통 같은 데서 무슨 혜택 같은 거 볼 수 있는 것도 제대로 못 보는 거야. 하다못해 뭐, 이런 거 씨앗 종자 같은 거 신청을 할라고 해도 이웃 부락 이장한테 가서 해야 되니까. 난 이런 실체가 너무 기가 막히는 거지.

미군기지 확장에 찬성했던 사람들도 있었잖아요. 사람들과 관계는 어땠나요?
이경분: 뭐 우리는 시간이 이만큼 지나갔으니까 별로 그런데 집착을 안 해. 서로 입장 똑같은 거잖아. 그 사람들 입장하고 우리 입장하고 다르니까. 그 사람들은 자기네 살라고 그렇게 했던 거고. 우리는 우리가 살라고 했던 거니까는.

근데 시간이 이렇게 지나고 보면 서로 미워할 건 없잖아. 근데 우리가 거리를 두는 게 아니라, 그 사람들이 거리를 둬. 그 먼저 나간 사람들도 있잖아. 한 부락에서 이웃이었다가 다 가깝게 지내다가 먼저 나간 사람들. 우리는 그 사람들 별로 거리낌 없이 받아줄 수 있어요. 별 부담 없이 받아줄 수가 있는데, 그 사람들이 거리를 둬. 자기네가 피하고 아휴, 몇몇 사람 빼고는 개인적으로 만나면 다~ 똑같애. 옛날이나 지금이나. 응? 그 긴 세월 살아온 정들이 있는데, 자기네들도 그런 건 느끼고 살 거 아니야.

근데 한 가지 나쁜 게 있어요. 성격들은 다 버려놔 가지고. 옛날에는 그런 게 없었어. 얼마나 정겨웠는데. 지금은 뭐라 그럴까? 서로 싸울라고 짐승들이 으르렁거리는 거 같애. 호랑이끼리 으르렁거리는 거 하고 똑같아. 그런 느낌이라니까. 주민들이 그렇게 변해버렸어. 그니까 별것도 아니고 좋은 시선으로 얼마든지 볼 수가 있는 건데, 그걸 좋게 안 본 거지…(헛웃음)

여기 현 대추리는 어떻게 오시게 되었어요?

이경분: 우리는 여기 오길 바라지 않았어. 그때 이주 자리가 네 군데로 났었어. 여기하고, C-PX 자리, 지금 송화리 송화 지구, 거기하고 저 계양 쪽에 하나 있고, 본정리 쪽에 공동묘지 부지라고 있었어. 그 네 군데가 났었는데, 여기를 오게 된 이유는 여기가 가격대가 제일 쌌어. 그래서 여기로 오게 된 거지.

진짜 끝까지 남으신 분들은 진짜 살기 힘드신 분들이야. 그런 분들이 또 나온 거야. 시골 동네니까 옛날에는 땅 없는 사람은 힘들잖아. 그리고 집도 옛날에는 내 터에다가 짓는 사람보다도 남에 터에다가 그냥 이렇게 툭, 텃세 얼마씩 주고 짓고 사는 사람들도 있고 그렇잖아. 그니까 생활고에 생활고 때문에, 여기로 오게 된 거지.

그래도 좀 몇 푼 받아갖고 오신 거 가지고 집터는 사야 될 거 아니야? 집터 샀지, 거기에다 집 짓지. 그니까 그게 안 되는 분들 열일곱 집은 주택 융자 받아서 지은 거야. 그니까 노인 양반들은 돈이 없으니까 결국은 빚은 대를 물려가는 거지. 보통 주택 융자 받으면 20년 상환인가 그렇걸랑. 그러면 결국은 대로 물려가는 거지. 노인네들이 어디서 돈이 나?

부녀회장 하실 때 어떻게 하셨어요?
이경분: 처음에는 하기 싫어 죽겠어. 대추리에서 계속 살았으면 우리도 활성화가 참 많이 됐을 거야. 근데 그렇게 전쟁하면서 기금 있던 거 다 날리고… 그러니까 나와서는 기금 만들 길이 없잖아.

그때 먼저 대추리에서 부녀회장 볼 때는 그래도 1년에 한 번씩 주민들 데리고 관광 다녀가면서도 기금을 모았으니까. 내가 좀 극성맞다고 했었잖아. 가만 있는 타입이 아니라고.

우리 아저씨도 의외로 오래 보니까는 그런 협조도 좀 잘하는 편이야. 그래서 내가 속으로 참 고마운 게, 우리 아저씨 이장 볼 때 내가 엄청 싫어했걸랑. 짜증내고, 못되게 굴었걸랑. 손님들 와도 안면에다 대고 아닌 건 아니라고 싫은 소리 팍팍 그랬어. 그랬는데 우리 아저씨는 뒤에서 많이 봐 준거야. 대추리에 부락 논이 있었어. 마을기금으로다가 한 3마지기, 한 600평 정도. 그걸로 부녀회에서 농사를 짓는 거야. 그런데 부녀회에서 농사를 지으려 그러면 말이 여자들이 부녀회에서 농사를 짓는 거지. 남자들이 농사를 다해. (웃음) 그때는 우리 아저씨가 이장 볼 때가 아니니까. 한 부락에서 이장 두 내외가 다 못해. 농사지을 때는 논 갈이는 그 젊은이들이 논갈이 해주고, 농약 줄 적에는 우리 아저씨도 끌고 다니면서 농약 주고, 그렇게 해서 그때는 기금 꽤 많이 만들었지. 1년에 한 번씩 노인 양반들, 부녀회원들 관광도 시켜주고, 그래. 항상 적자 보는 일은 없었으니까. 그때는 부녀회에서 협조도 잘해줬어. 오히려 나와서 이렇게 협조가 안 되는 거지, 단합도 잘됐고.

대추리 투쟁할 당시에 여자분들은 주로 어떤 것을 했어요?
이경분: 처음엔 그땐 시키는 대로만 하는 거야. 그러면 투쟁할 적에는 아줌마들, 노인 양반들 빼고 그 나머지 사람들 다 나가서 투쟁을 하는 거고. 밥을 하는 사람들은 몇 사람이니까. 그러면은 사람이 몇 명이다 그러면은 찌개 얼마만큼 안쳐. 양은 어느 정도 해놓는 거 안쳐놓고, 거기다가 뭐 넣으라고 대충 그런 거 하는 거고, 밥은 몇 솥 정도 해라, 그런 거 틀은 내가 잡아주지. 그냥 말해서 밥하는

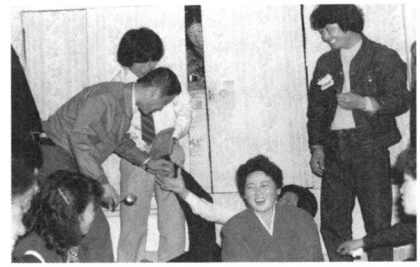

것(황새울기념관 부녀회 사업)도 여기 와서 내가 몇 년, 한 2~3년은 내가 틀 잡아준 거여. 그래놓고 나 안 한다고 뒤로 물러난 거고, 다른 젊은이들 밥 하라 해놓는 거고. 그 사람들은 큰일 그렇게 별로 안 치러봐서 모르잖아.

뭔 놈의 팔자가 희한해 가지고 내가 30대에서부터 큰일을 몇 번씩 치르다 보니까. 나 시집오고 난 해에서 부터 시어머니 환갑, 시누 시집, 시어머니 장. 지금은 장을 장례식장 가서 하지만 옛날엔 다 집에서 했어. 그러니까 그냥 좋은 거 나쁜 거를 내 젊은 나이에 엄청 치르고 살았어. 그런데다가 뻑하면 동네 잔치 했지. 나중에 세월이 좋아져서 나와서 가스불 갖다놓고 찌개라도 끓이고 그랬지만은, 옛날에는 불 때서 했지. 대추리같은 경우에는 산이 없잖아, 나무가 없잖아. 큰 가마솥, 장작 가지고 끓이는 줄 알아? '왕겨 풍구'(곡물에 섞인 쭉정이를 바람으로 날리는 도구)에 돌려서 때는 거 봤어? 쌀 껍데기, 벼 껍데기. 못 봤지? 그 왕겨 가지고 찌개 끓여 내갔어. 처음에는 그렇게 집에서 끓여서 퍼 날랐다고. 나중에 좀 세월이 지난 다음에 가스 불판 같은 거 갖다놓고 거기서 끓이고 그런 거지. 그때 시골 부락이니까 손님을 보통 한 300명은 잡어. 그런 걸 집에서 가마솥에다 찌개 끓여서 내놓고 돼지고기 같은 거 삶아서 내놓고 그랬지. 처음에는 부락 주민 먹을 거를 우리가 다~ 해줬는데, 고기 같은 거, 통 돼지 같은 거 구워 먹고 또 본부석에 손님 치는 걸, 나중에는 각 반으로 떠 넘겼어. 너무 힘들어서, 그래도 찌개는 끓였어. 해먹는 거는 다 나눠주고, 찌개 같은 거는 끓이고, 점심밥은 본부석에서 해줬어.

아휴 쉬운 일이 아니야. 살아온 걸 생각하면… 아이고, 내가 밥 지어댄 게(마을행사 밥짓기) 벌써 몇 년이야? 30년 세월이여. 그냥 밥 지어대고, 냄새나서 진짜 싫다고 했어. 너무 오래 했으니까. 그리고 의욕도 없어. 사람이 그 세월 넘어 가면 나태해진다는 게 그 말이 딱 맞는 거야. 너무 권력도 오래 잡으면 못써. 나태해져서 못써. 그리고 부락이 작아지다 보니까는 의욕이 없어. 근데 그런 거 먹을거리 같은 거 해주느라고 조금 힘들었던 거지.

투쟁할 때 진짜 투쟁 잘하시는 분들은 도두2리 사람들이었어. 진짜 대추리 사람들은 소리만 컸지 겁이 많고, 많이 약해. 더군다나 우리는 안에 있어서 아무

것도 모르는데 바깥에서 같이 하시는 분들이 하는 얘기가, 도두2리 사시는 아줌 마들이 참 잘해. 그 사람들은 대단하다고 내가 그랬어. 그 분들은 우리네하고 틀려. 그러고 거기는 우리처럼 이렇게 같이 모여서 사는 게 아니라 부락 전체가 다 뿔뿔이 헤어졌어. 그리고 그 사람들은 원래 거기 사람들이 아니야. 다 외지에서 들어와서 부락이 만들어진 거야. 대추리는 원주민 사람들 부대 안에서 1차로 쫓겨난 거고, 그러고서 여기 와서 살면서 또 쫓겨난 거고. 여기 우리 이사 나온 중에서 외지에서 들어와서 살면서 쫓아 나온 집은 다섯 집. 다섯 집만 외지에서 들어온 사람이었고 다 나머지는 토박이었어. 외지에서 들어왔다고 해봐야 우리보다 세월을 더 오래 사신 분들이야. 우리 시집오기 전에부터 사셨던 분들이니까. 쉽게 말해서 옛날에 농토가 많으니까 저기 아래쪽에서 일하러 머슴 살러 왔다고 해야지. 그렇게 살러 오신 분들이 터 잡고 사신 거지. 그 사람들이 더 잘살아. 악착같이 살아 가지고, 토박이들은 나태해져서 소용없어.

결혼하기 전에 꿈이나 소망은 무엇이었나요?
이경분: 오래돼서, 여자니까 언젠가 결혼해서 조용히 살림하고 사는 거지. 그때 당시에는, 어른들이 시키면 시키는 대로 하는 거니까.

현재 소망은요?
이경분: 지금? 지금 소망이야 나이 먹었으니까, 사는 날까지 건강하게 사는 거지. 가족들 아프지 않고, 아이들 잘 크고 건강하게 그런 거지 뭐. 식구들 건강이야.

앞으로 대추리가 어떻게 되었으면 하시나요?
이경분: 어떻게 됐으면 좋겠냐고? 글쎄, 다시는 옛날같이 돌아오지는 않겠지만은, 뭐라 그럴까 주민들이 마음에 여유를 가지고 살았으면 좋겠어. 사람들이 너무 많이 변해 가지고 너무 이기적이고. 또 전쟁 일어나고 그런 게, 좀 독선적인 면도 많고 배려라고 하는 게 좀 없어. 전에는 그런 게 없었걸랑. 마음에 여유들을 좀 갖고 편하게 사셨으면 좋겠어.

아직까진 옛날 일을 담고 사시는 분들이 많나요?
이경분: 글쎄? 본인도 모르게 워낙 마음에 불쑥, 이거 화 같은 게 울컥울컥 하는 거지. 난 지금도 그래. 그 옛날 얘기를 하자면, 내가 그렇지 않아도 그 소리부터 했었어. 한 달에(옛날에) 내 이장님한테 까놓고 얘기했어. 내가 그랬거든 우리는 그거를 지우고 싶걸랑. 왜 그러냐면 그게 자꾸 생각을 하며 자신도 모르게 화가 생기니까 겨우 잊혀져 가는데 불쑥불쑥 그런 거를 자꾸 되새겨주면은 스트레스를 엄청 받걸랑. 나는 다 잊고 내 마음에 평화를 찾고 싶은데, 때문에 지나간 과거를… 거 좋지도 않은 거 자꾸 머릿속에 되새겨봐. 그런 게 나한테 좋은 거 없걸랑.

그러고 그때 한번은 밤이었어. 학교에서 대치할 때인데, 그때 용역들 불러다가 학교를 다 둘러쌌었지. 그래 가지고 그 집회하러 왔던 사람들, 막 흩어져가지고 논 밭고랑 같은 데 숨었다가 주민들 집으로 오고 그랬거든. 그때 전쟁처럼 총 들고 다 둘러싸고 있었잖아. 그래 가지고 여름인데 밤새도록 얼마나 모기한테 뜯기고 대단했을 거야. 그러니까는 얼추 한 2~3시 되서 이렇게 민가로 쫓아오고 그럼 숨겨주고, 그랬던 거 생각나는데, 그런 그 악몽이, 아유… 내 눈으로 안 봤는데, 우리가 안에서 밥하느라 못 봤는데, 황새울이라는 데가 있어. 황새울 창고, 그 철조망 있는 데서 싸우다가 눈도 실명되고 그랬다는 소리를 듣고, 아휴, 그런 거 두 번 다시 생각하고 싶지 않아. 우리는 부모 입장이잖아. 만약에 내 새끼가 가서 저런다면 그 부모 입장이 어떻겠어. 그러니까는 자식 같은 사람들(지킴이)이라서 기거하고 그랬잖아, 동네 와서. 난 솔직히 말해서 싫어했어. 엄마 아부지 생각도 좀 해라 이거야. 어느 부모든지 자기 자식이 잘 되길 바라고 편안하길 바라지.

내가 봤으면 그런 생각도 들었어. 정상적인 생활에 얽매이기 싫고, 책임지고 살아가기 싫으니까 자유분방하게 살아가는 사람들. 나는 그 사람들 봤을 적에 요즘에 자유인하고 나오잖아. 똑같은 입장인 거야. 그러곈 자기 의지로만 살아가는 거 같은 그런 느낌. 자유분방하게 살아가는 걸 누구한테 터치 안 받고, 구속 안 받고, 그 사람들이 그런 투쟁을 하는 것도 자기 정상적인 생활을 하면서 자기가 시간을 쪼개서 이런 거를 하는 거 같으면 모르지만은 그것도 아니고… 그 부모 입장을 좀 생각해봐. 난 솔직히 그렇게 와서 있는 사람들 좋은 시선으로 안 봤어. 난 대놓고 그랬거든. 어쨌든 우리네가 봤을 때 다 자식 같은 사람들인데, 나도 저만한 자식이 있는데, 만약에 내 자식이 저러고 다닌다면 부모들 속은 오죽하겠어?

일단 우리 이장님은 참 못 마땅했을 거야. 학생들 농활 나온 것도 나 안 좋아했거든. 그거 자기네들 딴에는 일손 도와준다고 나오지만, 내가 봤을 때는 일손 도와주러 오는 게 아니라 일거리 만들어놓고 가는 거지. 오죽하면 나 그랬어. 회관 같은 데 와서 늘어놓고 걔네들 자고 가잖아? 진짜 개판이여 개판. 화장실 같은 데 들어가면 뭐 쓰레기 난장판도 아니고, 머리카락하고 뭐하고, 난 아주 대놓고 싫어했걸랑. 난 학생들 오면, 가서 그래. 뒷정리 깨끗이 안 하고 갈 거면 다음부터 발도 못 들여놓을 줄 알라고. 흔적은 남겨놓고 가지 말아야지. 그중 깔끔한 사람도 있겠지. 근데 전체는 아니야. 자기네들 놀러오는 거나 마찬가지지. 신난다고 무슨 농민회원들 끌고 다니고, 깃발 꽂고. 그게 뭐하는 짓거리야? 또 내가 그랬어. "제대로 일을 하려면 조용히 깔끔하게 다니면서 하든지." 그것도 아니고, 또 몰라 생각이 무식해서 그런지 생각이 고리타분해서 그런지…

그냥 옛날에 대추리 살을 적에 논이 3,000평이 쫙 깔려 있었지. 비랑 태풍에… 기가 막혀 말도 안 나와. 그때는 군부대에서 나왔어. 농활은 농번기 지났으니까 군부대에서 나왔었는데, 그때 얼마나 더워. 낮에는 햇빛이 엄청 더웠어, 8월 말쯤 되니까. 내가 얼음물 해다가 대기가 바빴으니까. 벼를 세워 일으킨 것 보다는 밟아서 지져 놓은 게 더 많은 거야. 농활 나온 애들도 마찬가지야. 일을 할 줄을 모르니까. "천천히 하나하나 차근차근 이거를 제대로" 농가 주인들 이렇게 시키면 시키는 대로 차근차근히 하면 괜찮은데 그게 아니잖아. 자기네들 마음대로, 천방지축이야. 여기가 놀이턴 줄 알아. 그니까 뭐 안 그러는 학생들도 있지만. 거의 그래. 그니까 젊은이들 생각하고 우리네들 생각하고 틀리니깐. 대게 그런 게 못 마땅할 거야. 내가 까놓고 얘기했잖아. 그랬더니 그런 단체서도 오고 안 온 데서도 오고 그랬어. 가뜩이나 우리가 진 거 아니야. 정부하고 싸워서 손을 들었으니까. 그러면은 내 살아갈 삶을 찾아야 될 거 아니야. 그치?

근데 저기 뭐야 주차장하고 그 폭탄 그려놓은 거. 여기 목공하는 데 2층, 그 올라가는 계단에다가 무슨 철조망 갖다가 그리고. 뭐하는 거야. 여기가 무슨 38선도 아니고 전쟁터도 아니고 도대체가 저게 뭐냐고. 그런 거를 좋게 받아들이는 사람보다는 지금은 안 좋은 시선으로 보는 사람들이 많은 거야. 그니까 너무 강하게 만들어 놓으니까. 아주 지울 수는 없으니까는 그런 흔적을 조금 정서적으로 편안하게 할 수 있는 그런 거를 그렸으면 좋겠는데. 이거는 무슨 철조망에다가 폭탄 그리고, 이젠 그런 데서 좀 벗어나고 싶은 그냥 옛날같이 아무 일도 없는 거 같이 편안하게 살았으면 좋겠어.

지금 주민들이 정이 없고 얘기를 안 해서 그렇지, 저렇게 대놓고 저렇게 하는 거 우리 주민들 좋아하는 사람 하나도 없어. 그래서 현재 부락의 협조하는 것도 몇 사람이지 그런 게 싫어서 안하는 그런 게, 건강으로도 문제가 있지만은 그렇지 않은 사람들도 그래서 협조 안 하는 사람 많아. 과거를 완전히 묻자는 건 아닌데 그렇지만은 조금, 유연하게 편안하게 우리가 그거를 마음에 새기고 살수 있듯이 그냥 그거를 마음에 지울 수 없는 거잖아. 요맘 때까지 그거를 잊고 살겠어? 그런 거를. 그거는 아니잖아. 그렇지만은 그거를 너무 바깥으로 내놓고 그러면서 무슨 치유하러 온다고… 아유… 언젠가는 무슨 정서적인 치유를 해준다고, "잊혀진 거 되새겨주러 온 거지 그게 치료해주러 오는 거냐고" 내가 그랬어. 잊을 만하면 한번씩 와서 한바탕씩 건드려놓고 건드려놓고, 그게 뭐하는 짓이야. 그렇지 않아도 영원히 못 잊고 사는 건데 우리는 눈 감을 때까지 그 치욕을 잊고 살겠어? 아휴… 상상만 해도 끔찍해… 전쟁터가 따로 없었는데…

그래도 힘들 게 하신 덕분에 촛불집회 같은 것들에 발판이 되지 않았나요?
이경분: 주민들은 그게 상처가 깊어요. 그냥 솔직히 말해서 나 연관이 아니고 가서 그냥 도와주는 거하고, 나도 직접 이렇게 연관이 되서 내 피부에 와 닿은 거하고 다른 거야. 왜냐면 주민들은 상처가 굉장히 깊다는 거. 그니까는 잊혀지지는 않아. 그렇지만 두 번 다시 그걸 끄집어내고 싶지는 않은 거야. 그래서 벌써

부락에서 우리 부녀 사업하는 것도, 안 도와주는 사람 많아요. 몇 사람 와서 할 만한 사람도 안 해줘. 그런 게 싫은 거야. 자꾸 되새김주는 거 같은 느낌 있잖아. 그니까 치료해주는 게 아니야. 그렇게 끄집어내지 않아도, 그거를 주민들이 스스로 딛고, 자기네들이 일어나야지 누가 그거 해준다고 치료가 돼? 참 가만 있는 사람 들쑤셔놔서 아저씨들도 혈압만 올라가게 해. 이렇게까지는 할 필요는 없다고 생각해. 글쎄, 다른 사람 생각은 어떤지 몰라도 내 생각은 그래. 뭐를 하던 간에, 남을 의식하는 거. 누가 이렇게 요구해서 해라해라 하는 거. 그거는 내가 봐서 3~40프로도 안 된다고 봐. 그거는 성의가 없어. 자기 진심에서 우러나야 뭐든지 좀, 100프로까지는 안 된다고 해도 7~80프로라도 마음이 가지지…

저 위에 사진은 뭔가요?
이경분: 저거 대추린데, 항공촬영한 건데 오래 되서 저것도 한 10년 넘으니까 다 바랬어. 저 옛날 대추리 사진이야. 대추리 부락 전체는 다 안 나와. 항공촬영을 해도 원래 범위가 이렇게 넓다 보니까는. 흐려져서 안 나와.

집이 예쁜데 부녀회장님 솜씨인가요?
이경분: 아이고, 우리 아저씨가 한 거지. 내가 혼자 이걸 무슨 수로 다 했겠어. 내가 재밌는 얘기 해줄까? 옛날에 할아버지들이 하시는 얘기. 옛날에 아저씨들이 그때는 선머슴 할 때, 지금 살아계셔. 오늘 아마 누가 인터뷰하러 갔을 거야. 옛날에는 갈증나면 통 막걸리 갖다놓고 모를 심었데. 그런데 술안주도 없고 잔도 없더래. 술안주는 청개구리 잡아서 잡수고, (웃음) 술잔이 없잖아~ 옛날에 검정고무신 있지? 그거 물에다 흔들어서 고무신에다가 술 따라 잡수셨다고. (웃음) 할아버지들 그런 얘기를 하시더라고. (기록자: 생으로 먹지는 않았겠죠?) 생으로 먹지. 청개구리~ 뛰어다니는 거~ 들에서. 상상이가? (웃음) 아이구…

접때, 할아버지 같이 앉아서 회의하는 데 그런 소리 나오더라고. 참새 한 마리 가지고 소주 네 병 잡수는데, 아이 그런 얘기 나오네. 그 생각이 지금 벌떡 나더라고. 지금 노인회장님 말고 전 노인회장님이셨던 분이 아휴, 세상에 우리 전쟁하기 전이지 들에서 같이 일을 하다가. 참… 지금이야 먹을 거 많이 있었지만 그때 당시만 해도 먹을 게 없지. "아휴, 모심으라고 한 번은 술잔이 있나 겨우 술통만 갖다놓는데 뭐 안주가 있나. 청개구리 잡아서 고무신에다가 술 따라 먹었어~." 이러시더라고 (웃음) 개구리라고 그래 가지고.(웃음) 다셔~ (음료 주심)

한만수(1949년생)와 조임순(1952년생)의
이야기를

박상우(2004년생)와 이동현(2004년생)이
듣다.

미군 부대에서 경비를 하셨다고 했는데, 어떤 일을 하셨어요?
한만수: 낮에는 타워 앞에 서서 보초를 서고, 밤에는 철조망을 돌아다니며 경비를 섰지.
조임순: 너희가 이해하기 쉽게 말하자면 아파트 경비하는 그런 임무야. 부대를 지키는 그런 거야. 얘네들이 질문하는 것만 대답해줘요.

편하게 말씀하시면 돼요. 대추리가 고향이세요?
한만수: 아니. 1972년에 왔는데, 그때 대추리는 경지정리도 안 됐어요. 가래질로 지게질로 제방둑을 쌓아 경지정리를 했지. 예전엔 대추리 앞까지 바닷물이 들어왔어. 그때부터 여기서 산 건 한 30년 살았네.
조임순: 30년이 뭐야, 40년은 넘었지.
한만수: 그때 노인 양반들 고생 많이 했었지. 그때 그 양반들 부대 안에서 살다가 부대 안에서 쫓겨나고, 또 쫓겨나서 이리 온 거여. 진짜 서러운 게 뭐냐면 그 양반들이 농사지으려고 한 거지. 여기 오고 싶어 온 게 아니야. 거기 땅이 200만 평인데 어마어마하게 넓어. 침수도 안 되고, 제일 좋은 곳이여.

저희는 대추리 투쟁할 때는 되게 어린애들이었어요.
한만수: 그렇지.

한 3살? 그랬어요.
한만수: 그랬었지. 10년이 넘었었으니.

어렸을 때 즐겨 하셨던 놀이는 무엇이었어요?
한만수: 제기차기, 소고 놀이, 그리고 말타기

말뚝박기?
한만수: 어. 그 말뚝박기. 별거 다 했지. 옛날에 고향 있을 땐 다 자갈밭 아니여.

시골. 여기는 또 비가 오면 질고. 소고 놀이 많이 했지. 또 연날리기도 많이 했어.

어렸을 때 학교는 어떻게 다니셨어요?
한만수: 학교는 한 20리 길 되는데, 걸어 다녔지. 책가방, 보자기 들고. 우리는 천안 신개국민학교 다녔어. 천안 가다 보면 커다란 흑성산 있잖아. 거기 신개리 있잖아. 거기 학교 다녔어.

사물놀이와 풍물을 즐겨 하신다고 하셨는데.
한만수: 그걸 왜 좋아하냐면 이게 건강에 참 좋아. 사물놀이가 우스운 것 같아도 엄청 힘들어. 이걸 머리에 이어야 하거든. 강상원 씨 알지? 지킴이 아저씨. 그 아저씨 부인이 가르쳐줬어. 이거(사진을 가리키며) 봐봐. 전부 이어야 하잖아. 이거 굉장히 어려워. 경기민요 한 가지만 치는 게 아니라 굉장히 어려워. 또 물어보셔.

특별한 날에는 무슨 음식을 드셨어요?
한만수: 우리는 가끔 부침개도 해 먹고. 호박 따서 호박전도 해 먹고. 콩국수도 해 먹고 팥죽도 해 먹고. 그 날에 행사에 맞는 건 다 해 먹고. 보름날은 오곡밥도 해 먹고. 복날은 삼계탕도 해 먹고.

젊었을 때는 꿈이 무엇이셨어요?
한만수: 아이 꿈이야 많지. 옛날에 없어 가지고 고등학교도 못 가고 그랬지… 옛날에는 어려운 사람들이 많아서 보리밥 먹기도 힘든 시대에 고등학교를 어떻게 가? 그러니까 꿈이라는 걸 말도 못하지. 배워서 기술자, 학자되는 건데 못 되지. 배우지 못 했어도 후회는 안 해. 능력껏 사는 거니까. 그냥 국민학교로 끝났지. 그 다음에 농사짓고. 배우지 못했으니까 애로사항이 많지. 컴퓨터도 못하고. 그래도 내 이름 석 자 쓸 줄 아니까 됐지. 노인 양반들 글씨 쓸 줄 모르는 양반들 많아. 그렇지?
조임순: 얘네들은 그런 소리해도 이해 못할 거야.

한만수: 고등학교 졸업한 애들 보면 진짜 부러운 거야. 나는 옛날에 돈이 없어서 국민학교 졸업하고 어른들 품앗이 다녔어. 모심고. 그런데 막 놀려요. 그런데 내가 성질이 더러워요. 그렇게 살았어도 놀릴 필요 없는 거잖아. 남 놀리지 말고. 불쌍하면 한푼이라도 도와주면 되고. 싸우면 화해하면 그만이여. 그러니 부모 말 잘 들어야 돼. 알아?

다시 돌아가고 싶을 때가 어디예요?
한만수: 어디? 고향?

다시 돌아가고 싶을 때, 과거에서 가장 좋았던 때요.
한만수: 아 그러면 좋지. 젊었을 적이지, 한 50대쯤이지. 안 늙고 살면 좋겠다 싶지. 근데 안 되지. 그렇게 살면 인구가 줄지 않는단 말여, 젊었을 적으로 돌아가면. 그 사람이 안 죽는 거 아녀. 그지?

살면서 가장 억울했던 때가 언제셨어요?
한만수: 없으니깐 가난하니까. 내가 젊었을 적에 돈을 많이 못 벌었어. 못 벌은 게 한이 되더라고.

다시 태어난다면 무슨 일을 하고 싶으세요?
한만수: 다시 태어나면 검찰. 비리 검찰 말고. 아주 그냥 똑 부러지게. 돈도 많이 벌지 않고. 우리나라가 지금 망하는 이유가 비리들 때문에 그런 거여. 공무원은 돈 많이 벌잖아. 그것만 가지고도 충분히 살아. 그런데 한 푼 두 푼 바라면, 한번 받잖아? 그러면 그 다음엔 더 커져. 도둑놈들보다 더 더러운 놈들이야. 자기는 가만히 앉아서 돈 뺏어가고. 내가 검사 되서 다 재산공개 하고 싶어. 그러면 세상도 좋아지고 범죄도 없어지고. 비리가 너무 많아.

여명의 황새울 행정대집행 때는 어떠셨어요? 미군 기지 투쟁 때 마지막으로 들어오고 그때 행정대집행 있었잖아요.

한만수: 그때 싸울 때 굉장했지.

조임순: 그때 너무 슬프고 그랬지.

한만수: 그때 학교에 부락민들 사진을 다 붙여놓은 거 아니야. 그때 국회의원도 오고. 굉장했지. 전라도, 충청도 경찰들 안 온 데가 없어. 동네 집 헐 적에. 집 부시러 오잖아. 아줌마들이 많이 왔어. 열댓 명이 왔어. 그래서 우리가 '당신들이 왜 왔느냐?' 그러니깐 우린 사람들이 오라해서 왔는데 집을 부수고 있는 거지. 그래서 내가 욕을 했지. 너희들 안 가면 죽여버린다고. 니네들 고향 같으면 그러겠냐고. 그래서 빨리 갔어. 모르고 온 거래. 용역회사에서 조개 캐러 간다고 아줌마들을 부른 거래. 용역 아저씨들이 대추리 아줌마들은 못 막으니깐 경찰들이 못 막으니깐 용역들을 보낸 거야. 그 사람들은 아무것도 모르고 조개 캐러 온 거야. 그러니깐 동네 사람들이 가만히 있어? 당신들 같으면 가만히 있겠느냐고. 그래서 양심 있는 사람들은 갔어. 그래서 장비만 남아서 집을 다 부쉈지. 그래서 사람들 쓰러져서 병원 실려 가고 그랬어. 그때는 그냥 전쟁 난 거랑 똑같았어.

　결국 마지막까지 사람들은 남았고. 우리가 제일 끄트머리에 나왔어. 일주일 줬어. 일주일 동안 안 나가면 살고 있는 집도 다 부순다고 해서, 그 안에 다 이사를 했어. 팽성초등학교 뒤에 빌라를 얻어줘서 3년을 같이 살면서 있다가 지금 마을에 집 짓고 이사 온 거야. 여기에 사람이 제일 많이 왔어. 한 44가구. 저기 행복마을은 뒤죽박죽이지. 신흥사람 저기 사람 많으니까. 여기는 오리지널.

　그런데 가스통도 잘라서 갖고 가버려 밥을 해 먹을 수도 없이, 도둑놈들이 다 훔쳐가고 그랬어어. 빈집인 줄 알고. 무조건 다 때려 부숴버리고. 애로사항이 말도 못하게 많았지. 눈물도 많이 흘렸고, 욕도 많이 얻어먹고. 알지도 못하는 사람들, 택시기사들은 우리들 보고 보상 많이 받아 갈려고 안 나가고 버틴다고 그랬는데. 실질적으로 보상을 제대로 받은 사람은 없었어. 이사비용만 주고 이 터전만 공시지가 가격으로 사줬어. 우리같이 땅 없는 사람들은 이렇게 쪼그맣게 집을 지어야 하니깐.

여기가 처음에 옥수수밭이었어. 노와리 사람들이 해먹는 옥수수밭이어서 이렇게 길길이 서 있는데, 여기서 집을 짓고 살으라는데 한심하드라고. 처음엔 한심했었어. 저기 양계장 닭똥 냄새는 엄청나지, 옥수수는 수북하게 자라 있는데 어떻게 사나. 밤에 잠도 안 오고 눈물이 절로 나와. 안 겪어본 사람은 몰라. 그래놓고 정부는 안 나간다고 야단하고, 돈은 조금 주고. 돈이 있는 사람들은 괜찮아. 어디 가서든지 살 수 있어. 땅값만 받아도. 없는 사람들만 문제지. 가진 것은 적지, 그 자리에 가서 그 돈 갖고 살려고 하는 건 턱없이 부족하지. 그래서 대출을 받아서 집을 지어갖고 살고 있어. 아직 대출을 아직도 못 갚았어.

눈물 없이 살긴 힘들어. 거기서 살면 고생 안 하고 사는데, 내 집이고 내 터전인데, 그냥 헌집이거나 말거나 수리해서 살면 더 이상 돈 들어갈 거는 없지 남들이 생각하기에는 여기가 돈 많고 돈 많아서 다~ 여기로 온 줄 알지. 그건 근거도 없는 소리고. 보상 많이 받아서 온 줄 아는데 그거는 아무 근거 없는 소리야. 농사짓던 터전이 좋은 거지, 여기는 객지나 마찬가지야.

여기가 종축장이야. 종자 기르는 데. 가축 기르는 데. 그러니까 남의 땅에 와서 사는 게 참 힘든 거여. 참 서럽지. 농사짓는 사람들은 이장이랑 지태는 땅 사서 농사짓잖아. 몇 명 없어. 먹고살 길이 없어서 다 억울했지. 아무리 노인네들이라도 소득이 있어야 살지 소득이… 그럼

대추리에서는 무엇을 하셨어요?
한만수: 농사지었지. 직장 다니며 농사 다녔지. 거기서 살 적에는 내 농사가 없었지. 매형네 꺼 농사짓다가 화장지 만드는 회사, 고덕에 있잖아, 삼정펄프라고. 거기 화장지 참 좋아. 14년 거기서 일했어. 대추리 생각날 때가 굉장히 많어. 거기는 정말 공기 좋다고. 여긴 뭐 친구가 있어? 어떻게 해서 이리로 왔으니 악착같이 살아야지, 건강하면서. 이제 나이가 먹어가니깐 점점 힘들어. 내년이면 70인데 힘들어요.

대추리로 이사 오신 이유가 뭐예요? 천안에서 둘이 이사오신거요.
한만수: 이유가 뭐냐면 매형이 대추리에 살았었어. 아버지가 돌아가셨는데 누이가 나 건달된다고 데리고 온 거야. 쟁기질을 어떻게 하는 건지 그때 다 배웠지. 쟁기가 뭔지 알아? 옛날에 소로 논 가는 거. 옛날에는 경지정리도 안 되고 바다 막은 거니깐, 이런 뻘을 소를 이용해 갈은 거여. 소도 기가 막혀. 소 얕보면 안 돼. 소가 그래서 영리한 거야. 쟁기질을 잘 못하면 자기가 아프잖아. 잘 못하면 소가 안 가. 옛날에는 삼태기, 맷방석, 멍석, 다 만든 거 아니여. 우리는 못한 거 없고 다해요. 새끼를 꼬아서 한 거죠. 이제 안 쓰잖어. 지금은 플라스틱 그게 나와서. 근데 옛날 게 좋아요. 옛날에는 그렇게 살었어.

대추리에서 가장 가까운 사람이 누구에요?
한만수: 강권석 씨. 제일 첫 집. 그분이 가장 가깝게. 이웃에 살아서 잘 해요. 형제 간처럼. 그 양반이 대추리에서 하우스 했는데 그렇게 잘해요.

마지막으로 요즘 어떻게 지내시는지 말씀해주세요.
한만수: 쓰레기 재활용업체에 다닌 지 꽤 오래됐어. 아침에 나갔다가 저녁에 돌아오면 집사람하고 저녁 먹으며 소주 한 잔 마시는 게 낙이지. 집에 붙어 있는 텃밭에 고추며 배추 돌보기도 하고… 허허 옛날이 그립네.

사진기록

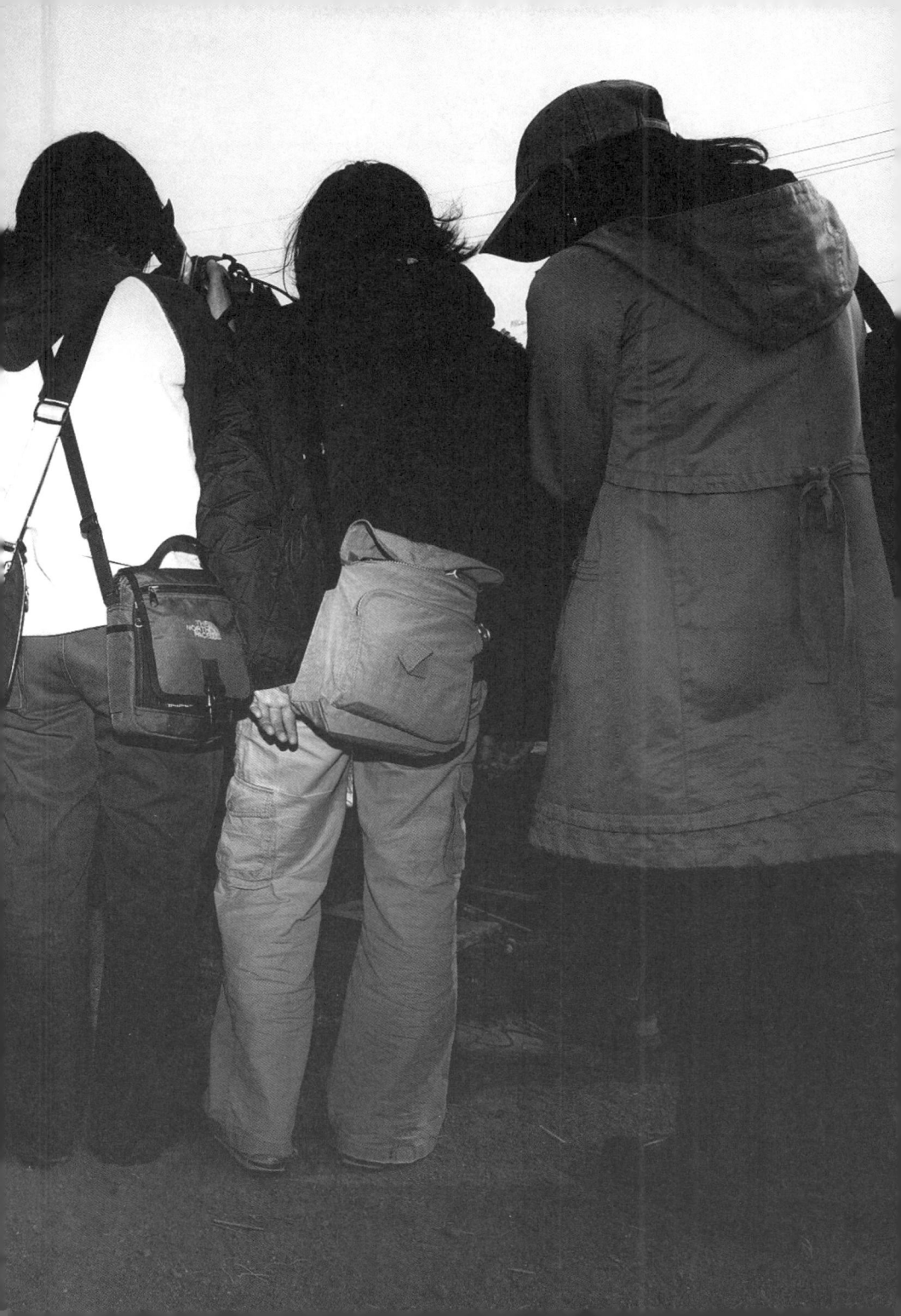

우리의 고통
우리목숨 빼